노자상이주역주
老子想爾註譯註
노자의 양생윤리

노자상이주역주
老子想爾註譯註
노자의 양생윤리

초판 1쇄 2014년 12월 25일 ● 지은이 정우진 ● 펴낸이 김기창

기획 임종수 ● 표지디자인 정신영 ● 본문디자인 최은경
펴낸곳 도서출판 문사철 ● 주소 서울 종로구 명륜동 2가 93번지 두리빌딩 207호
전화 02-741-7719 ● 팩스 0303-0300-7719
홈페이지 www.lihiphi.com ● 이메일 lihiphi@lihiphi.com
출판등록 제300-2008-40호

ISBN 978-89-93958-88-1

* 값은 뒤표지에 있습니다.

노자상이주역주
老子想爾註譯註

노자의 양생윤리

정우진 지음

도서출판문사철

{ 서 문 }

상이주를 본격적으로 연구하기 시작한지 2-3년 정도 지났다. 처음부터 이 책을 번역할 생각을 갖고 있지는 않았다. 그러나 기존의 연구물 중에 오류가 적지 않음을 알고, 번역에 마음을 두게 되었다. 문헌연구의 토대가 불완전해서 생긴 문제라고 생각되었기 때문이다. 역자의 학문적 역정이 상이주의 번역에 적절하게 느껴지기도 했다. 라오종이의 교감본에 원문이 첨부되어 있는 것도 번역을 결정한 중요한 요인이었다. 원문을 보지 못하고, 교감본에만 의거한 번역은 내키지 않았다. 첨부된 원문은 돋보기를 사용하면 그럭저럭 볼 수 있는 상태였다. 돋보기로 한 자 한 자 확인해가면서 진행했지만 번역에 그다지 많은 시간이 걸리지는 않았다. 번역하기 전에 논문을 두 편 써 둔 것이 큰 도움이 되었다. 어느 정도 번역을 마친 것은 2013년도 여름이었다. 2013년도 여름의 더위가 유난히 기억에 남는다. 그러나 다시 들여다보면서 마무리할 짬이 없었다.

   금년 봄 쓰촨 대학의 종교학연구소에 방문학자로 오는 것이 결정되었다. 쓰촨에 와서 할 일을 생각하던 중, 마무리 짓지 못한 일들을 끝내야겠다고 마음먹게 되었다. 한국을 떠나기 전에 출판사 문사철의 김기창 사장님께 전화를 드려 출간문제를 상의했다.

흔쾌히 승낙하는 말을 듣고, 불완전한 원고를 챙기고 라오종이의 교감본과 구바오티엔의 역주본, 그리고 몇 편의 논문을 챙겨 넣었다. 다른 것들은 하드디스크에 담아서 가져왔다. 도착해서 시간이 날 때마다 번역본의 교감에 매달렸다. 일차 교감에 이주 정도가 걸렸고, 다시 다듬는데 일주가 걸렸다. 이래저래 마감에만 약 한 달 정도가 소요되었다. 개학 전에 이 원고의 끝부분인 서문을 쓰게 된 것이 천만다행이다.

번역을 다듬는 사이에 2014년 재보선 결과를 들을 수 있었다. 어떤 사람들은 지배체제를 대신할 수 있는 대안을 생각하지 못한다. 대안이 존재하지 않으면, 자신을 지배체제에서 떼어내지 못한다. 자신을 지배체제에서 떼어내지 못하면, 지배이데올로기에 대한 비판적 시각이 성립할 수 없다. 본래 도교 등장 이전, 중국의 도덕규범은 효나 충 혹은 여인의 덕목과 같은 지배이데올로기로부터 파생된 것들뿐이었다. 그러나 도교는 국가가 아닌 사회구성원 사이에 지켜야 할 덕목을 규범으로 제안했다. 그런 규범은 국가라는 지배체제를 필요로 하지 않는다. 이런 맥락에서 보자면, 도교는 지배체제에 포섭되지 않는 새로운 삶의 양식을 드러냈다고 평가할 수도 있다. 이런 특성 때문에 도교는 종종 반역적 흐름을 주도하곤 했다.

상이주는 이전부터 전해오던 양생사상을 계승했다. 노자는 교단도교의 시조로 또 최고의 신격으로 받아들여졌지만, 동시에 성공적인 양생가로 인식되고 있었다. 그러므로 상이주가 노자주석서의 형태를 띠는 것은 이상한 일이 아니다. 중국에는 선과 악의 대립적 인식이 부재했다. 선악개념은 불교의 도입과 함께 들어온 것이라는 견해는 경청할 만하다. "불교 도입 이전의 중국에는 …… 천당과 지옥으로 나뉘어지는 기준으로서의 그런 윤리적 양극화가 없었다."* 상이주의 저자 혹은 저자들은 기존의 양생론과 새롭게 도입된 선악의 윤리를 결합시켜서 독특한 양생윤리를 엮어냈다. 다음 구절은 상이주의 본질을 잘 보여준다.

> 도는 생명으로 선을 보답하고, 죽음으로 악인을 위협한다.
> 道設生以賞善, 設死以威惡.(상이주 20장)

이 독특한 문헌은 도가와 도교, 중국의 토착적 사유와 외래사유, 그리고 동양과학문화와 종교의 '사이'에 놓여있다. '사이'에서 성립한 이 문헌은 지배체제에서 벗어난 새로운 사회적 삶의 양식을 제안했던 이들의 소의 경전이었다. 새로운 것을 구축해야 했던 상이주의 저자들은 '사이'와 '결합'에서 그들의 길을 찾았다. '사이'는 비주류가 위치하는 곳이자, 미래가 시작되는 곳이다. 현재의 비주류는 미래로 향하는 선발대다. 도교는 중국에서 일상의 종교이지만, 한국사회에서 도가도교연구는 비주류의 위치에 있다. 이 역주본이 한국의 도가도교연구 발전에 도움이 되길 바란다.

---

* Joseph Needham, *Science and Civilisation in China* vol 5 part 2(Cambridge: Cambridge University Press, 1974), 114.

본서는 해제와 역주로 구성되어 있다. 해제는 「상이주 양생론 연구」(동양철학연구, 2013)와 「노자상이주 양생윤리」(동양철학, 2013)의 두 논문을 수정, 편집한 것이다. '노자상이주 양생윤리'는 경희대학교 철학과의 문석윤 교수님과 함께 연구한 결과물이다. 공동작업물을 개인저서에 게재하도록 허락해준 문석윤 교수님께 감사드린다.

2014년 여름 비오는 날
쓰촨대학교 남문부근의 숙소에서
愚庵 정우진

{ 차 례 }

서문 ……………………………… 5

상이주 해제 …………………… 11

상이주 역주 …………………… 59

상이주해제

＊

'중국에 처음 종교가 등장한 것은 언제일까?'라는 질문은 굉장히 복잡한 논의를 요구한다. 종교의 개념규정에서부터 논의를 시작해야 하기 때문이다. 이에 반해 종교단체에 관한 질문이라면 좀 더 선명하게 답할 수 있다. 후한대의 태평도 혹은 오두미도를 시작으로 잡을 수 있다.『태평경』은 태평도 즉, 황건적의 소의경전이고『상이주』는 오두미도의 소의경전이다.『태평경』이 독자적 저술임에 반해, 오두미도는 노자에 대한 주석서의 형태를 지니고 있다. 그래서 흥미롭게도 중국의 종교사 즉, 도교사는 동시에 노자 주석사라는 의미를 지닌다.『상이주』연구는 단순한 종교문헌 연구가 아니다.『상이주』연구는 노자주석서 연구이자 도가와 도교의 '사이'에 대한 연구다. 도가와 도교의 '사이'로서 상이주는 어떤 문헌일까?

I
문　　　헌　　　소　　　개

『상이주』는 촉蜀지역 교단도교였던 오두미도五斗米道의 기본경전이다. 『상이주』에는 촉의 역사 문화적 환경이 반영되어 있다. "계사가 도를 얻어 서촉지역을 교화하려 했으나, 촉의 풍속이 천박하여 심원한 말로는 깨우칠 수 없기에, 상이想爾를 지어 초심을 훈도했다."[1] 『상이주』는 촉 지역에서 만들어진 초기 도교교단, 오두미도의 경전이지만, 도장 안으로 편입되지 못하고 일실되었다. 『상이주』는 당대까지는 제법 유행했고, 오대에도 종종 보이곤 했지만, 송대 이후 자취를 감춘 듯하다.

> 오대에 두광정杜光庭은 도덕진경광의道德眞經廣義를 지어 역대의 주석을 기술했는데, 거기에『상이』두 권이 들어 있었다. 송대에는 노군실록老君實錄 … 등에서 모두 두광정의 설에 의거하였으니… 그들은 상이주를 보지 못했을 것이다. 청대에 이르러서도 후강侯康 등이 모두 육덕명陸德明의 경전석문經典釋文序錄에 의거하여 상여주想余注 두 권을 저록했을 뿐이니, 틀

---

[1] 傳授經戒儀注訣, 正統道藏 989冊 正乙部, 砂山稔,「道敎と老子」,『道敎の展開』, 平河出版社, 1983, 2626쪽에서 재인용.

림없이 상이주를 보지 못했을 것이다. …… 노자상이주가 당대에는 존재했지만, 송대에는 본 이가 극히 적었고, 원명이후로는 본 이가 없이, 망실된 것을 알 수 있다.²

1900년, 자취를 감췄던 『상이주』 두 권 중, 한 권이 나타났다. 왕위앤루王圓籙³라는 도사가 중앙아시아 한복판에 있는 돈황 막고굴의 한 밀실(현재 장경동藏經洞이라고 불리는 17굴)에서 다량의 문서를 발견했는데, 그 안에 『상이주』가 들어 있었다. 이 문헌은 발굴된 지 7년이 지난 1907년에 스타인Mark Aurel Stein(1862-1943)에 의해 영국으로 반출되었다.⁴

발굴된 『상이주』의 끝부분에는 노자도경상老子道經上(세로쓰기), 상이想爾(가로쓰기)라고 기록되어 있다. 초기에는 『상이주』의 신뢰도를 의심하는 견해가 있었지만, 현재는 돈황본을 『상이주』

---

2   李養正, 「老子想爾注與五斗米道」, 道協会刊, 1983, 28쪽. 도사들을 양성하는 北京 白雲觀의 中國道敎學院에서 활동했던 저명한 도교학자, 리양즈엉은 『상이주』가 전승되지 않은 원인을 다섯 가지로 추정하고 있다. '첫째, 이 문헌의 전수는 비전이 전통이었다. 둘째, 이 문헌에는 은미한 말이 많아서, 사회적으로 은폐되는 경향이 있었다. 셋째, 유교를 비하하는 발언이 있어서, 유학과 갈등이 존재했다. 넷째, 북위의 구겸지가 도교를 혁파할 때, 그 혁파의 대상이 되었다. 다섯째, 당 현종이 도덕진경소를 지을 때의 목적은 도덕경을 높이고 해석의 통일을 기하고자 하는 것이었으므로, 이견을 노출하는 이 문헌은 배척되었을 가능성이 있다.' 李養正, 「老子想爾注與五斗米道」, 道協会刊, 1983, 29쪽의 내용을 요약 정리했음.
3   왕원록의 록자는 분명하지 않다. 리양즈엉은 籙자를 사용하고 있다. 본서에서는 리양즈엉의 방식을 따랐다. 李養正, 「老子想爾注與五斗米道」, 道協会刊, 1983, 28쪽
4   이 단락의 내용은 長澤和俊, 민병훈 역, 『돈황의 역사와 문화』, 2010, 사계절을 참조했음.

의 낙질본으로 받아들이는 것이 통설이다. "라오종이饒宗頤씨가 노자상이주교전老子想爾注校箋에서 말미에 '노자도경상 상이'라는 표현이 있는 돈황 출토 문헌의 스타인문서 6835호를 장릉의 작이라고 한 후, 학계에서는 이 돈황본『상이주』를 후한 삼장三張의 오두미도 교법을 말한 것이라고 하는 설이 널리 유행하고 있다."[5]

현행본『상이주』는 3장부터 37장까지 남아 있다. '즉민부쟁則民不爭'이라는 주로 시작해서, 37장의 "무욕이정천지자정無欲以靜, 天地自正."에 대한 주석인 '신하실개자정의臣下悉皆自正矣'에서 끝난다. 본래는 경문과 주가 구분되지 않았고, 장의 표시도 없던 것을, 라오종이가『하상공주』에 의거해서 나눴기 때문에 현재의 통행본은 경문과 주문이 구분되어 있다. 라오종이의 설명에 따르면 경문과 주를 구분하지 않는 기술방식은 동한후기의 주석방식이라고 한다.[6] 그러나 돈황본이 필사된 때는 동한시기가 아니다. "왕종민王重民과 라오종이의 고증에 따르면, 이 문헌은 육조시기의 사본이라고 한다."[7]

『상이주』는 장릉張陵의 작이라는 설과 장릉부터 장로張魯까지 이어지는 과정에서 서서히 형성되었다는 설이 있다.[8] 그러나『상

---

5 砂山稔,「道敎と老子」,『道敎の展開』(平河出版社, 1983), 26쪽. 라오종이는『상이주』가 장로의 판본이되, 저자는 장릉이라고 하고 있다. 라오종이, 3-4쪽.
6 饒宗頤,「老子想爾注校證」(上海古籍出版社, 1991), 1쪽.
7 李養正,「老子想爾注與五斗米道」(道协会刊, 1983), 28쪽.
8 장릉설과 장로설에 대해서는 '饒宗頤,『老子想爾注校證』(上海古籍出版社, 1991), 2-3쪽'을 참고할 수 있다. 또 오상무,『老子 河上公, 想爾, 王弼 三家注 比較研究』, 北京大學 博士學位論文, 1996, 58쪽, 주석 266번에도 이 문제가 잘 정리되

이주』가 오두미도의 이념을 드러내는 문헌이라는 점에는 이설이 없다. 『상이주』에는 다른 이념과 양생술에 대한 비판이 두드러진다. 우리는 이런 비판을 통해 『상이주』 성립기의 시대상과 오두미도의 문제의식 그리고 그들의 지향을 엿볼 수 있다.

어 있다. 오상무의 확인에 따르면, 라오종이는 기술의 모호함을 지적하는 후쿠이코우쥰(福井康順)과의 서신에서 이 책을 장 씨 일가의 학이라고 말했다고 한다. 여전히 모호한 대답이다. 상이주를 읽어보면, 앞뒤 장 사이의 관계가 꽤 체계적이다. 앞 장에서 이야기했던 것을 말할 때는 다시 말하지 않고 전장에서 이미 말했다라는 식으로 표현하고 넘어간다. 이런 점으로 볼 때, 이 문헌이 여러 대에 걸쳐 기술되었다는 견해는 받아들이기 어렵다.

Ⅱ 경학과 양생술 비판

1 경학 비판

종교는 세상의 가장 낮은 곳에서 기층민과 고난을 함께 할 때, 위대한 힘을 발휘하기 마련이고, 도교의 성립배경도 다르지 않다. "동한시대는 강력한 지주집단의 전정專政기였다. …… 잔혹하게 백성들의 재물을 약탈 하였는바, 관리는 포악한 강도나 다름없었다. 이러한 부패와 암흑적 통치는 인민들을 무한한 재난에 빠지게 했으며, 격렬한 불만과 도처에서의 반항투쟁을 발생케 하였다."[9] 주류학문이었던 경학은 이처럼 참혹한 현실에 대한 책임을 피할 수 없었을 것이다.

> 자식은 공양할 생각을 하지 않고 백성들은 농사에 뜻이 없다. 단지 삿된 학문을 좇으면서 스승의 가르침에 경도되어 암송하는 병에 기를 다 쏟다가 인생을 마칠 뿐이다. 충효지성으로 하늘을 감읍시키지 못하고, 몸을 다스림에 장수하지 못하고,

---

[9] 卿希泰, 『漢魏晉南北朝時期』(四川人民出版社, 1980), 109쪽. 윤찬원, 『도교철학의 이해』(돌베개, 1998), 62쪽에서 재인용.

임금을 보좌함에도 태평성대를 이루지 못한다.[10]

암송하는 병은 경학을 가리킨다. 경학은 무익하다는 비판을 받고 있고, 이런 비판은 경학의 뿌리라고 할 수 있는 공자에까지 이른다. 즉, 21장 "공덕지용孔德之容, 유도시종唯道是從."의 주는 다음과 같다. "도는 매우 커서 공자로 하여금 앎이 있게 하였다. 그러나 후대에는 도문道文을 믿지 못하고, 단지 공자의 서적만을 추숭할 뿐, 그 위에는 아무것도 없다고 하였다. 그러므로 도는 이것을 밝혀 후현에게 고해주었다."[11] 계보학적으로 공자서적은 도의 뒤에 있고, 그것은 위계상 공자가 도보다 아래임을 의미한다.

그러나 도의 뜻을 전승했다고 하는 공자의 책이 처음부터 문제였다고는 할 수 없을 것이다. 공자의 책이 비판받아야 했다면, 그 까닭은 무엇이었을까? 18장 "지혜출智慧出, 유대위有大僞"의 주는 다음과 같다.

참된 도가 감춰지자, 삿된 글이 출현했다. 세상 사람들은 늘 거짓된 것을 도의 가르침이라고 하지만, 모두 큰 거짓으로 행해서는 안 된다. 무엇을 일러 사문이라고 하는가. 오경의 절반에도 사특함이 들어갔고, 오경이외의 여러 서적과 전기는 모두 시인이 지은 사문일 뿐이다.[12]

---

10 子不念供養, 民不念田, 但逐耶學, 傾側師門, 盡氣誦病, 到於窮年. 會不能忠孝至誠感天, 民治身不能僊壽, 佐君不能致太平.
11 道甚大, 教孔丘爲知. 後世不信道文, 但上孔書, 以爲無上, 道故明之, 告後賢.

공서가 비판받는 까닭은, 주석을 통해 사특함이 들어갔기 때문이다. 경학을 비판하는『상이주』에서는 어떤 대안을 내놓았을까?

19장의 주에서는 성인은 성인임을 나타내는 상서로운 징조가 있다고 한 후, 이렇게 말한다. "오늘날의 사람들은 그와 같은 징표가 없이 겨우 경예에 통한 후, 도의 참됨에 관철하지 못했는데도 성인이라고 자칭한다. …… 백성들에게 참된 도를 권해 선수를 누리도록 권하지도 않고 열심히 선을 닦도록 권하지도 않는다. 반대로 신선은 본래 타고나는 것이지 인위적으로 될 수 있는 것이 아니고, 생명을 기르는 방법이 없는데도 도서에서 사람들을 속이는 것이라고 말한다. 이런 이들은 그 죄가 삼천을 채울 것이다."[13] 인용문 제일 뒤의 '신선가학설神仙可學說'을 옹호하는 태도에서『상이주』의 대안을 분명하게 읽어낼 수 있다.[14]『상이주』에서 제안하는 것은 양생론이다. 그런데 이 시기에는 다양한 양생론들이 경쟁하고 있었다.『상이주』에 보이는 비판으로부터 이 점을 추론할 수 있다.

---

12 眞道藏, 耶文出. 世間常僞伎稱道敎, 皆爲大僞不可用. 何謂耶文？其五經半入耶, 其五經以外, 衆書傳記, 尸人所作悉耶耳. 尸人은 장생의 도를 잃은 이들을 말한다.
13 今人無狀, 載通經藝, 未貫道眞, 便自稱聖. …… 不勸民眞道可得僊壽, 修善自勤, 反言僊自有骨錄；非行所臻, 云無生道, 道書欺人, 此乃罪盈三千, 爲大惡人.
14 후한대부터 위진대까지 신선이 노력으로 도달할 수 있는 것인가에 대한 논쟁이 있었다.『태평경』에서는 신선에 특정한 자질이 필요하다고 말한다.『포박자』는 어중간하다. 특별한 자질이 필요없다고 하면서도, 일정한 사람들만 그렇게 될 수 있다고 말한다. 즉, 인연이 있는 사람이 노력해야만 도달할 수 있다는 것이 갈홍의 입장이다. 어떤 차이도 인정하지 않는 상이주의 주장은 파격적이다. 혜강은 대표적인 신선불가학론자이다. "자연으로부터 특별한 기운을 받은 것이고, 배움으로 도달할 수 있는 것이 아니다." 한흥섭,『혜강집』, 소명출판사, 2006, 172쪽.

2 양생술 비판[15]

『상이주』에서는 특히 내관존사[16]와 방중을 비판하고 있다. 내관존사에 대한 비판부터 살펴보자. "세간에서는 늘 거짓으로 오장을 가리켜 일一이라 하면서, 눈을 감고 사념에 잠겨 복을 구하고자 하나, 잘못되었다. 생에서 멀리 떨어진 것이다."[17] 오장, 일, 명목사념이라는 표현으로 판단하건대, 예문에서 말하는 것은 '수일守一'

---

[15] 이봉호는 이처럼 다른 양생술에 대한『상이주』의 비판을『상이주』성립시기를 후한대로 설정하는 견해의 근거로 삼고 있다.(이봉호,「노자상이주의 세간위기와 결정성신」,『도교문화연구』30집, 2009, 142쪽) 즉, 상호비판은 동시대라는 가정이 필요하다는 것이다. 오상무도 大道家令戒의 성립시기 등과 상호비판을 성립시기를 추정하는 근거로 사용해서『상이주』가 동한시기 張魯에 의해 성립되었다고 주장한다.(오상무,『老子 河上公, 想爾, 王弼 三家注 比較硏究』, 北京大學 博士學位論文, 1996, 1쪽 內容提要) 상이주와 대도가령계 등의 성서연대에 관한 제 논의는 黎志添 主編,『道敎與民間宗敎硏究論集』, 學峰文化事業公司出版, 1999, 12쪽 주석 2번을 참조할 것. 상이주에서 가장 크게 비판하는 것은 존상의 기법이다. 이점으로부터 상이주 당시에 존상의 기법이 크게 유행했음을 알 수 있다. 후한대에 존상의 기법이 유행했음을 보여주는 문헌자료는 없다. 존상의 기법은 상청파의 기법으로 연단술이후에 유행했다고 봐야 한다. 그렇다면『포박자』이후가 된다. 따라서『상이주』만을 살펴볼 때는 후한대 성립설에는 찬성하기 힘들다.『황정경』의 성립시기가 기원후 3세기이고, 상청파가 유행한 것이 4-5세기라면 이 문헌의 성립시기도 4-5세기 이전으로 소급되지 않을 것이다. 또 다른 근거는 방중을 비판하는 점에서 찾을 수 있다. 분명 구겸지는 천사도의 방중을 개혁했다고 했는데,『상이주』에서는 방중을 비판적으로 언급하고 있다. 그렇다면『상이주』를 천사도 본연의 모습을 보여주는 후한대의 문헌으로 보기는 어려울 것이다.

[16] 본서에서는 사카데를 참고하여 내관존사를 내단성립이전의 도교명상법을 통칭하는 표현으로 사용했다. "내관이라든가 존사라고 칭하여지는 일종의 명상법으로…… 이것은 체내에 거주하는 신들을 존사하든가, 혹은 일월성 등의 일정한 상(이미지)를 묘사해서 그것을 존사하든가, 혹은 기가 오장을 순차적으로 순회하는 것을 내관(혹은 내시라고 불린다.)한다고 하는 기법이다." 坂出祥伸,『道敎と養生思想』, ぺりかん社, 1992, 144쪽.

[17] 世間常僞伎, 指五藏以名一. 瞑目思想, 欲從求福, 非也, 去生遂遠矣.

이나 '역장내시歷藏內視'와 유사한 명상법이리라. 또, 14장 "시무상지상是無狀之狀, 무물지상無物之像."의 주에서는 "이제 세속에서는 거짓으로 특정한 형상을 가리켜 도라고 하고 복색과 이름, 형상과 외모 및 크기가 있다고 하지만 옳지 않다."[18]고 말하고 있다. 이것도 특정한 형상의 신을 존상하는 명상법일 것이다.

11장 "유지이위리有之以爲利, 무지이위용無之以爲用."의 주에서는, "현재 세속에서는 진문이라고 하면서 교묘하게 말하기를 도에는 하늘의 바퀴통이 있고, 사람에게도 바퀴통이 있으니, 기를 전일하게 하여 부드럽게 만든다고 한다."[19]고 하여, 모종의 양생술을 비판하고 있다. 그런데 이 주석에 라오종이는 다음과 같은 말을 붙여뒀다. "동사정의 말에 비춰 보건대, 삼십 개의 바퀴살은 하나의 바퀴통에 모여든다. 오장각각에 육기의 형상이 있음을 취한 것이다."[20] 그렇다면 앞의 인용문은 신체 내에서 사방으로 빛이 나는 모습을 존상하는 명상법을 비판한 것이다.

이봉호는 『상이주』에서 『태평경』의 수일법을 비판했다고 말한다. "『상이주』에서 지적하는 명상법은 노자하상공주나 태평경에 보이는 수일법의 일반적 형태이다."[21] 구바오티엔顧寶田 등의

---

18 今世間僞伎, 指形名道, 令有服色名字狀貌長短, 非也.
19 今世間僞伎, 因緣眞文, 設詐巧言. 道有天轂, 人身有轂, 專炁爲柔.
20 饒宗頤, 『老子想爾注校證』, 上海古籍出版社, 1991, 14쪽.
21 이봉호, 「노자상이주의 세간위기와 결정성신」, 도교문화연구 30집, 146쪽. 앞서 암시했듯이 연구자는 『상이주』의 성립연대를 후한대로 확신하지는 못하겠다. 『상이주』에는 위진시기 천사도의 특성 중 하나인 제사에 대한 비판과 오두미도가 행했다고 믿어지고 있는 방중술에 대한 비판마저도 보이기 때문이다.

말은 보다 구체적이다. "『태평경』에는 수일과 태식법이 있어서, 수도의 요체는 체내의 오장신을 존상하는 것이라고 말한다. 그런데 이런 방법은 극히 복잡했으므로 후대에는 점차 내단연양의 술로 발전했다. 『상이주』는 이에 대해 비판적 태도를 보인다."²² 이런 견해는 다른 양생술간의 경쟁이 비판의 배경이라고 말하는 것처럼 들린다. 그런데 내관존사를 비판하는 배후에는 보다 직접적인 원인이 있지 않았을까? 구바오티엔의 말을 더 들어보자.

『상이주』는 창교활동과 긴밀하게 결합되어, 실천성을 더욱 중시했고, 수도의 방법에 있어서는 도계를 중시했다. …… 도교도들이 준수하여 실행하기에 알맞았다. 먼저 태상노군의 존호를 말하여 도교도들이 믿고 숭배할 수 있는 주신을 갖게 함으로써 정신을 기탁할 곳이 있게 하였다. ……『상이주』에서는 또한 태평경의. ……… 성선은 명에 정해져있다는 말을 비판하였으니, …… 하층교민의 요구에 응답한 것이다."²³

구바오티엔의 말과 앞서 보았던 전수경계의주결傳授經戒儀注訣의 '촉의 풍속이 천박하여 심원한 말로는 깨우칠 수 없기에, 상이를 지어 초심을 훈도했다.'는 구절을 함께 고려하면『상이주』에

물론 후한기 성립설의 토대위에서라도 이 문제를 설명해낼 수는 있을 것이다. 그러나 아무래도 확신이 들지는 않는다. 본서에서는 일단 후한기 성립설에 찬동해두지만, 논의의 편의를 위한 한시적 찬동임을 밝혀둔다.
22 顧寶田외,『新譯 老子想爾注』, 三民書局印行, 1997, 15쪽.
23 顧寶田외,『新譯 老子想爾注』, 三民書局印行, 1997, 15쪽.

서 특히『태평경』의 수일을 비판하는 까닭을 알 수 있다. 기층민중을 겨냥해야 했던『상이주』에서는 복잡하고 관념적인 명상법을 부정했던 것이다.

『상이주』에서는 방중술도 비판하고 있다. 예를 들어, 8장의 '지이만지持而滿之, 불약기이不若其已'의 주에서는 "현재 세간에서는 거짓으로 도를 사칭하고 황제, 현녀, 공자, 용성의 글에 의탁해서 서로 가르치게 하며, 여인을 따르되 사정하지 않고, 환정보뇌할 것을 생각하지만, 심신이 떨어져 그 지킬 것을 잃으니 …… 길이 보존하는 보배가 될 수 없다."[24]고 비판하고 있다. 갈홍은 방중의 핵심을 '환정보뇌'라 단정하고 있으므로[25] 이 구절이 방중술에 대한 비판임은 분명하다. 오두미도에서 방중술을 행하여 남녀사이가 문란했다는 통속적 믿음은, 구겸지寇謙之(365-448)가 오두미도의 교법을 개혁할 때, 방중술을 주된 개혁의 대상으로 삼았다는 것에서 유래한다. 그렇지만 방중술이『상이주』의 본의가 아니었음은 명확하다. 방중술이 교단의 수행법으로 적절하지 않다는 것은 너무나 상식적이지 않은가?

24장 "왈여식찬행曰餘食餟行, 물유오지物有惡之"의 주에서는 제사법을 비판하고 있다. "도를 행하는 이는 살고 도를 잃는 이는 죽는다. 하늘의 바른 법은 제사지내고 기도하는데 있지 않다. 그

---

[24] 今世間僞伎詐稱道託黃帝玄女 …… 從女不施, 思還精補腦, 心神不一, 失其所收 …… 不可長寶.

[25] 房中之法十余家, 或以補救傷損, 或以攻治衆病, 或以采陰益陽, 或以增年延壽. 其大要在於還精補腦之一事耳.

러므로 도는 제사와 기도를 금하여 그것을 행하는 이들에게 중벌을 준다. 제사는 사도와 통하기 때문에, 제사를 지내고 남은 음식이나 사용했던 그릇 등을 도인은 먹거나 쓰려하지 않는다."[26] 비록 4-5세기의 상황이기는 하지만, 리즈티엔黎志添은 『상이주』뿐 아니라 여타의 천사도天師道계열 문헌에서도 제사에 대한 비판이 보인다는 사실을 전하고 있다. "천사도가 동진말東晉末부터 유송劉宋에 이르는 시기에 강남지역으로 전파될 때, …… 강남의 민간종교에는 귀신에 대한 제사가 성행했기 때문에, …… (천사도 계열의 문헌에서) 민간의 귀신제사에 대한 엄격한 비판을 볼 수 있다."[27]

이외에 태식법으로 생각되는 양생술을 비판하는 대목도 보인다. 예를 들어, 앞의 내관존사를 비판한 글 뒤에는 다음과 같은 말이 보인다. "태를 다지고 몸을 단련하기를 마치 흙으로 기와를 구을 때처럼 한다. 또 도는 사람 몸에 있는 문과 창을 통하여 드나든다고 말하는데 모두 사특하고 거짓된 것으로 행해서는 안 된다. 그것을 행하면 크게 미혹될 것이다."[28] 이것이 태식법을 비판하는 말이라면, 리위엔구어李遠國의 『상이주』에서 취하는 양생술의 "구체적 방법은 …… 태아처럼 내호흡(즉, 태식)을 행하는 것이다."[29]라는 말은 수정되어야 할 것이다. 도가 몸 안을 드나든다

---

26 行道者生, 失道者死, 天之正灋, 不在祭餟禱祠也. 道故禁祭餟禱祠, 與之重罰, 祭餟與耶通同, 故有餘食器物, 道人終不欲食用之也.
27 黎志添 主編, 『道教與民間宗教研究論集』, 學峰文化事業公司出版, 1999, 11쪽.
28 又培胎練形, 當如土爲瓦時, 又言道有戶牖, 在人身中, 皆耶僞不可用, 用之者大迷矣.

는 것도 명상법의 일종으로 볼 수 있겠지만 단정할 수는 없다.[30]

『상이주』에 보이는 이상의 비판으로부터 무엇을 읽어낼 수 있을까? 먼저 『상이주』 당시에 다양한 양생술이 경쟁하고 있었다는 점을 알 수 있다. 다음으로 『상이주』의 저자들은 자신들의 사상적 기반을 특수한 양생에 토대하고 있었을 가능성이 있다. 구체적인 양생술에 대한 비판은 양생술 자체에 대한 비판이라기보다는 자신들과 다른 양생술에 대한 비판으로 읽혀지기 때문이다. 그렇다면 『상이주』에서 주장하는 양생술은 무엇이었을까? 이 질문에 답하기 전에 『상이주』에 이르기까지의 양생사상사를 개관하는 것이 좋겠다.

---

[29] 李遠國, 魏晉道教養生學的發展, 姜生 외 主編, 『中國道教科學技術史』, 科學出版社, 2002, 638쪽.

[30] 이외에 단순히 기술될 뿐 평가가 없는 양생법도 보인다. 예를 들어, 31장의 주에서는 "혹은 허하고 혹은 취한다. 입을 넓게 벌려 허소리를 내면서 온기를, 입을 좁게 벌려 취소리를 내면서 한기를 내뿜는다. 선악은 기틀을 같이하고, 화복은 뿌리가 같아서, 비록 허온한다고 해도 삼가 다시 취한하여야 하는 것처럼 복을 얻었다고 해도 화가 도래할 것을 조심해야 한다.[或嘘或吹, 嘘溫吹寒, 善惡同規, 禍福同根, 雖得嘘溫, 慎復吹寒, 得福慎禍來]" 허취는 육기법으로 기후에 따라 숨을 내쉬는 방식이다. 이런 허취법을 비유로 사용하면서, 특별한 평가를 하지 않고 있다. 그러나 평가가 없다고 해서 긍정적으로 받아들였다고 볼 수 있는 근거도 없다.

III
양생사상사의 흐름 속에서 파악한 양생윤리의 등장

양생은 전통중국사유의 중요한 문화요, 사조다. 『장자莊子』의 정신적 해방을 꿈꾸는 양신養神적 양생, 『관자管子』와 『맹자孟子』의 수양을 토대로 하는 양심養心적 양생, 퇴양退讓과 인순因順이라는 삶의 기교를 꿈꾸는 노자老子의 처세적 양생은 고대 중국사유를 대표한다. 양생의 핵심을 잡아낼 수 있다면, 양생의 시대적 변용 즉, 양생의 다양한 양상을 통시적으로 고찰하는 것도 가능할 것이고, 그건 양생사상사의 가능성을 함축한다.

실질적으로 양생이라는 표현이 처음 보이는 곳은 『장자莊子』 「양생주養生主」다. 물론 이전의 문헌에서도 양생이라는 표현을 찾을 순 있지만, 그건 우리가 말하는 양생이 아니다. 「양생주」의 포정해우庖丁解牛 고사에는 만물과의 완전한 합일을 통한 자유로움이 묘사되고 있다. 장자는 자연과의 합일을 통해 개체성을 넘어섰고 그것을 양생이라는 말로 표현해냈다. 따라서 『장자』의 '생'은 물리적 생명이기보다는 심리적 생명인 '정신精神'에 가깝다.[31]

거의 같은 시기에 직하학稷下學의 성과가 양생의 방향으로 나타나기 시작했다. 소위 『관자』 사편이라고 불리는 「백심」, 「내

---

[31] 정우진, 「양생의 기원에 관한 연구」, 『범한철학 62집』, 2011,

업」,「심술상」,「심술하」편은 『관자』 양생술을 대표한다. 『관자』 사편의 저자들은 무속적 유산을 가공해서 신을 마음에 깃드는 정신으로, 마음을 신이 머무는 궁으로 설정했고, 신이 머묾으로써 획득되는 결과인 예리한 통찰력과 놀라운 육체적 건강을 얻어내는 방식에 관해 논구했다. 마음을 허령하게 하는 것은 조용한 것을 좋아하는 신의 기호로 설명되었고, 음악은 분노 등의 감정으로 드러나는 마음의 교란을 잠재우기 위한 수단으로 적극 추천되었다.32

맹자는 제齊나라에 머무는 동안 『관자』사편에 보이는 양심적 양생의 전통을 접할 수 있었던 것으로 보인다. 그런데 "전국시기는 자연에 대한 인식이 혁명적으로 진전되던 시기였으며, 제나라는 자연에 대한 지식을 중심으로 인간과 사회에 대한 전체적인 지식체계를 구성하고자 하는 …… 지적 분위기의 중심지였다."33 이런 분위기속에서 맹자는 직하학의 전문용어였던 '호연화평浩然和平'과 '기氣'를 결합시켜 '호연지기浩然之氣'라는 개념을 만들어냈다. 그리고 그것을 '의義'와 짝지음으로써, 양생이 윤리와 결합될 계기를 만들었다.34 그러나 그 와중에 양생 본연의 특성은 많이 희석되고 말았다.

32 정우진,「황제내경: 양신과 양형의 교차로 위에 건축된 의론」,『인문학연구 11호』, 2007.
33 문석윤,「『맹자』의 성(性), 심(心), 성인(聖人)의 도덕론」,『인간·환경·미래 제5호』, 2010, 107쪽.
34 정우진,「선진시기 양심적 양생술의 전개에 관한 연구」,『동양철학연구 71집』, 2012.

진한대에는 물리적 생명력을 지향하는 풍조가 나타났다. 당시의 가장 강력한 지식소비자였던 최고 통치자 진시황과 한무제는 무소불위의 권력에 더해 불사의 힘을 지니고자 했고, 양생술은 이런 요청에 응해나갔다. 그 결과 외단술과 호흡술, 벽곡辟穀, 약이藥餌, 도인導引 등의 다양한 양생술이 대두했다. 물론 그런 양생술은 본래의 양생이 아니었기 때문에,『장자』나『관자』식의 양생을 꿈꾸던 이들과 다툼이 있었을 것이다.『장자莊子』「각의刻意」편에서 확인되는 양신養神파와 양형養形파간의 논쟁은 그런 갈등을 보여준다. 그러나 결국 양형술은 양신술을 압도하게 되었다. 우리는 양생의 생을 물리적 생명력인 'life'로 번역하곤 하지만, 그건 장자가 말했던 양생의 생이 아니다.

　어쨌든 시대의 변화와 그에 대한 응전의 결과 양생의 외연은 넓어졌다. 그러나 양생을 유가적 입장에서 포섭한 맹자의 양생 외에, 다른 것들은 모두 개인적 차원에서 논의된 것이었다. 따라서 양생의 주류에 한정하면, 타인이나 사회는 양생의 구성요소가 아니었다고 할 수 있다. 그러나 후한의 시대상황은 양생론에 새로운 응전을 요구했다. 오부치 닌지(大淵忍爾)의 조사에 따르면,

> 전한 말 평제의 원시 2년(기원후 2년)의 호는 1,200만, 구는 5,960만인 데 비해 후한 중기가 지난 순제의 영화 5년(기원후 140)에는 호는 970만, 구는 4,900만으로, 대략 호가 230만, 구가 1,000만의 감소를 보이고 있다. 그리고 후한 시대의 통계에 의하면 후한 초부터 중기인 화제 영흥 2년(기원후

105)에 이르기까지는 호구가 증가하고 그 뒤 환제에 이르기까지 약 50년간은 인구 5,000만을 전후로 정체하고 있다. 환제 이후의 통계는 남아있지 않지만 한대의 호구 조사는 상당히 엄격하게 진행되어 일반적으로 그 통계는 믿을 수 있다. 그러나 후한 중기 이후에는 정부의 기강 해이와 더불어 점차 허구적인 것도 덧붙여졌다. 따라서 통계상으로 호구 수가 정체하고 있는 것은 실제로 정부가 파악할 수 있었던 호구가 줄었다고 보아야 한다.35

이처럼 생명이 번성하지 못하고 오히려 위축되는 현상의 일차적 원인은 외척, 환관정치로 대표되는 사회적 갈등이었다. 전염병이라는 또 다른 요인도 있었을 것이다. 주지하듯이 후한말엽에 한의약물학의 토대를 이루는 『상한론傷寒論』이 저술되었는데,36 그건 당시에 외감성 전염병이 돌았을 가능성을 함축한다. 외감성 전염병과 정변으로 인한 궁핍을 마주한 양생은, 환경의 요구에 응해 그동안 자신과 동떨어진 것으로 여겨지고 있던 '사회'라는 문제를 다룰 필요가 있었을 것이다.

---

35 窪德忠·西順藏, 조성을 역, 『중국종교사』, 한울아카데미, 1996, 52쪽.
36 Dean C. Epler은 상한론의 저자인 장중경에 관해서는 거의 알려진 것이 없다고 하면서도 그가 150년에 태어나 219년에 죽었다고 말한다.(Dean C. Epler, "The concept of Disease in an Ancient Chinese Medical Text, The Discourse on Cold-Damage Disorders," *The Journal of the History of Medicine and Allied Sciences*, 1988, p.8.) 그러나 장중경의 생존여부, 생몰연대, 상한론의 저작시기 등은 모두 추론일 뿐이다. 다만 상한론이 후한대에 저술되었음은 다른 문헌들과의 교차연구와 죽림칠현에서 복용했던 오석산이 상한론에 토대한 구성물이라는 점 등을 통해 확정할 수 있다.

더군다나 이 때 중국에서는 '사社'의 권위가 무너지고 있었다. 주지하듯이 사는 전통적으로 질서의 구심점역학을 해왔었다. "원시적 촌락공동체 이래 기층촌락의 이사里社이건 국가단위의 국사國社이건 사가 집단적 결속의 구심점으로서 제례는 물론이려니와 새로운 결정, 재판 등 각 해당집단의 제반 중요행사가 거행되는 장소였다고 통설적으로 이해된다."[37] 공동체의 질서유지에 기여했던 사는 후한 대에 발생한 전통적 질서의 붕괴를 극복하지 못했다.[38]

사회계층의 분화와 이에 따른 공동체의 붕괴가 사의 위상을 뒤흔들어 놨다. 후한대에 등장한 호족들 정확히 말하자면 그들의 권력욕이 공동체적 정신을 깨트렸다. 취락의 공동체적 성격이 바뀜에 따라 사의 성격도 바뀌지 않을 수 없었다. 사가 완전히 소멸한 것은 아니지만 그 의의는 작아졌다.[39] 사의 붕괴 혹은 약화가 의미하는 것은 가치의 붕괴요, 사회적 건강의 파괴다. 피폐한 생명과 공동체적 가치의 붕괴는 양생이 사회와 결합하게 된 두 가지 요인이다. 이제 조건이 성숙되었다.[40]

---

[37] 이성구, 『중국고대의 주술적 사유와 제왕통치』, 일조각, 1997, 58쪽.
[38] 사는 도교의 성황신과 토지신으로 계승된다. "토지신도 성황신과 같이 고대의 사에서 발전된 신일 것이다." 窪德忠, 최준식 역, 『도교사』, 분도출판사, 2000, 142쪽.
[39] 이상의 내용은 大淵忍爾, 「敎團宗敎의 形成」, 窪德忠·西順藏, 조성을 역, 『중국종교사』, 한울아카데미, 1996, 54-55쪽의 내용을 요약한 것임. 사에 관한 연구는 이성구, 『중국고대의 주술적 사유와 제왕통치』, 일조각, 1997, 58쪽, 주석 173번을 참고할 것. 이성구 자신은 市를 사와 같은 기능을 하던 것으로 기술하고 있다.

Ⅳ 상이주 양생윤리

1 『상이주』양생윤리관

『상이주』성립이전까지 양생은 사회를 고려하지 않았다고 할 수 있다. 『도덕경』의 처세적 양생[41]이나 장자의 자유해방정신 그리고

---

[40] 『상이주』나 『태평경』 등에 보이는 도교윤리의 원형을 도교라는 종교단체의 성립이라는 맥락에서 볼 수도 있다. 그런 맥락에서 행해진 한 연구에서는 『상이주』 양생윤리를 다음과 같이 평가한다. "노자의 도덕준칙을 종교적 계율로 전환시켜 도계를 탄생시킴으로써, 초기 도교가 하나의 체계적인 도교교단으로 자리잡을 수 있는 기초를 제공하였다. 하나의 종교집단을 온전히 유지하기 위해서는 …… 그 구성원들을 하나로 묶고 지도할 교의 제시가 불가피하다."(이석명, 「노자상이주를 통해 본 노자사상의 종교화작업」, 『동양철학』 27집, 2007, 224쪽.) 위와 같은 평가에는 문제가 없지만, 상이주의 특성은 종교단체의 성립에 따른 교의 제시보다는, 그런 교의 내용에서 더 잘 드러난다. 상이주를 양생사상의 전개라는 관점에서 고찰하면, 도교교단의 성립을 중국사상의 전개라는 맥락에서 설명할 수 있을 뿐 아니라, 양생윤리자체 그 중에서도 '생명과 윤리'의 관계에 시선을 집중하게 만드는 효과가 있다.(국내외의 상이주 연구에 대해서는 정우진, 「상이주 양생론 연구」, 『동양철학연구』 73집, 2013, 287쪽, 각주 1번을 참고할 것.)

[41] 이성구는 노자집단이라는 개념을 상정한 후, 그런 노자집단에서 양생사상의 요인을 찾아내고, 養形적 양생술의 측면까지도 도출하고 있다. (이성구, 「노자와 양생술」, 『철학사상』 31호, 2009) 그러나 현행본 도덕경이 원형이라고 할 수 있는 곽점본에는 양형적 양생술이 분명하지 않다. (李零의 『郭店楚簡校讀記』에 토대하면, 갑 조의 3:1, 3:2절, 4:1절, 4:2절, 5:3절과 을조의 2:1절, 2:4절 그리고 병조의 2:1절, 3:1절, 4:1절에서만 넓은 의미의 양생관련 논의가 확인된다.) 전체적으로 말하자면, 도덕경의 양생술은 평안한 삶의 유지를 위해 마음을 편안히 하는 養心의 방법과 처세적 태도를 수단으로 사용하는 처세적 양생술이라고 정의할 수 있을 것이다.

이후에 전개된 양형적 양생술은 개인의 심성적·육체적 건강을 목적할 뿐, 사회적 건강이라는 대상을 겨누기에는 부족했다. 그러나 주지하듯이 개인의 생명도 사회의 영향을 받지 않을 수 없기 때문에, 양생은 결코 개인적 차원의 것일 수만은 없다. 후한 대에 이르러 정변 등으로 생명이 시들자 양생은 사회의 건강을 목적하지 않을 수 없었다.

그러므로 사회와의 결합은 양생론의 운명이었다고 할 수 있다. 양생론은 어떤 방식으로 이 목표를 성취했을까? 정답은 없었을 것이다. 그렇지만 사회적 건강을 이루기 위해 『상이주』의 작자 혹은 오두미도를 토대지운 이가 선택한 방식은 윤리였다. 양생이 사회와의 결합이라는 시대적 요청에 반응해서 나온 것이 바로 양생윤리이고, 양생윤리는 『상이주』의 주이념이었으며 이후 민중도교의 근간을 이루게 되었다. 20장 "인지소외人之所畏, 불가불외不可不畏, 망기미앙莽其未央."의 주에서 양생윤리의 전형을 볼 수 있다.

> 도는 생명으로 선을 보상하고 죽음으로 악을 위협한다. 죽음은 사람들이 싫어하는 것이다. 선사와 속인은 모두 죽음을 두려워하고 생명을 좋아한다. 다만 행하는 것이 다를 뿐이다. 속인은 미혹되니 온전히 죽음을 벗어나지 못한다. 속인은 죽음을 두려워하지만 끝내 도를 믿지 못하고 악한 일을 즐겨하니 어찌 죽음에서 완전히 벗어날 수 있겠는가? 선사는 죽음을 두려워하여 도를 믿고 계를 지키기 때문에 생과 합치된다.[42]

양생윤리의 요체는 선한행위를 하면 수명이 늘고 악한 행위를 하면 수명이 준다는 것이다. 그런데 도대체 무엇을 선하다고 했을까? 일견 『상이주』의 선은 『태상감응편太上感應篇』, 『음즐문陰騭文』, 『공과격功過格』 등으로 대표되는 도교권선서의 선과 같을 것으로 생각된다. 『태상감응편』의 내용은 통속적 도덕규범의 전형을 보여준다. "사람의 단점을 드러내지 말고 자신의 장점을 자랑하지 말라."[43], "마땅히 다른 이의 흉함을 불쌍히 여기고 잘됨을 즐거워하라."[44] 등의 사례를 보라.

『상이주』의 선도 단순한 도덕규범일 가능성이 있다. 예를 들어, 16장 "몰신불태沒身不殆."의 주에서 "속된 사람들은 선행을 쌓지 못하기 때문에 죽음이 곧 진정한 죽음이 되어 지관에 속하고 만다."[45]고 할 때, 선은 권선의 선과 같아 보인다. 또 13장 "고귀이신어천하故貴以身於天下"의 주에서 "도계를 받들고 선을 쌓아 공을 이루며 정을 쌓아 신神을 이루고 신이 이뤄져서 선수仙壽를 누리는 것을 몸의 보배로 삼는다."[46]고 할 때도 권선의 선처럼 보인다.

그러나 8장 "상선약수上善若水, 수선리만물水善利萬物, 우부쟁又不爭"의 주에서 "물은 선하여 유약할 수 있으니, 도를 본받았기 때

---

[42] 道設生以賞善, 設死以威惡. 死是人之所畏也, 仙(王이 있었지만 衍字이므로 생략했다.)士與俗人, 同知畏死樂生, 但所行異耳. 俗人莽莽, 未央脫死也. 俗人雖死, 端不信道, 好爲惡事, 奈何未央脫死乎? 仙士畏死, 信道守誡, 故與生合也.

[43] 不彰人短, 不炫己長. 黃正元, 太上感應篇圖說, 北京燕山出版社, 1995, 19쪽.

[44] 宜憫人之凶, 樂人之善. 黃正元, 太上感應篇圖說, 北京燕山出版社, 1995, 19쪽.

[45] 俗人不能積善行, 死便眞死, 屬地官去也.

[46] 奉道誡, 積善成功, 積精成神, 神成仙壽, 以此爲身寶矣

문이다. (그와 같은 물은) 높은 곳을 떠나 아래로 향하고 가득 찬 곳을 피해 빈 곳으로 향한다. 늘 만물을 윤택하게 하면서 끝내 다투지 않는다. 그러므로 사람들로 하여금 본받게 할 수 있다."[47]는 구절을 읽고 나면 좀 당황스러워 진다. 이곳의 선은 물의 특성이자 『도덕경』의 주논지인 퇴양과 인순을 말하는 것처럼 보이지 않는가? 그렇다면 『상이주』 양생윤리의 선은 단순한 도덕규범과는 다를 가능성이 있다. 이런 생각을 확인할 수 있는 근거가 있다. 주지하듯이 『상이주』에는 '도계道誡'라는 표현이 보인다.

4장 "좌기예挫其銳, 해기분解其忿"의 주에서는 "마음이 악을 행하려 하면 (그 마음을) 꺾어서 돌려놔야 한다. 노여움이 폭발하려 하면 (그 마음을) 풀어서 오장이 분노케 해서는 안 된다. 도계로 자신을 경계하고 장생에 힘씀이 이것에서 마땅함에 이른다."[48]라 해서 도계를 행위의 기준으로 말하고 있고, 또 23장 "동어실자同於失者, 도실지道失之."의 주에서는 "사람이 거사함에 도계를 두려워하지 않고 도의를 잃으면 도는 곧 떠나니, 자연이 이와 같다."[49]라 말하고 있다.

오부치 닌지大淵忍爾는 『상이주』의 선악은 결국 이런 도계를 지켰는가에 의해 결정된다고 말한다. "행위의 선악이라는 것은

---

47 水善能柔弱, 像道. 去高就下, 避實歸虛, 常潤利萬物, 終不爭, 故欲令人法則之也.
48 心欲爲惡, 挫還之, 怒欲發, 寬解之, 勿使五藏忿怒也. 自威以道誡, 自勸以長生, 於此致當
49 人擧事不懼畏道誡, 失道意, 道卽去之, 自然如此.

구체적으로는 도를 믿고 계를 지켰는가의 유무에 있었다."⁵⁰ 도계는 『상이주』 양생윤리의 대체를 알려준다. 현존 『상이주』 잔본⁵¹을 통해서는 도계의 내용을 알 길이 없지만, 다행히도 정통도장 30책 543쪽에는 '도덕존경계道德尊經戒'라는 짧은 문헌이 보이고, 오부치는 이들 문헌을 『상이주』에서 말하는 도계로 보고 있다.⁵² "『상이주』는 『도덕경』의 주석이라는 형태로 저술되어, 도계 즉 오두미도 신도의 생활규범을 준수하도록 권하는 데 주안점을 둔 책이다. 도계는 9행 27계 즉 36조로 이루어져 사상적으로 노자 『상이주』와 표리관계에 있는 것으로, 후세에는 도덕존경계 등으로 불렸다."⁵³

'도덕존경계'는 상, 중, 하의 3품三品으로 구분하는데, 총 9행과 27계율로 되어 있다. 9행은 "무위를 행할 것, 유약을 행할 것, 암컷다움을 지키고 먼저 움직이지 말 것, 무명을 행할 것, 청정을 행할 것, 여러 선을 행할 것, 무욕을 행할 것, 지족함을 알 것, 사양할 것"⁵⁴이라 하고, 그 효과로는 "상품을 행하면 신선이 되고,

---

50 大淵忍爾, 「五斗米道の敎法について(下)」, 『東洋学報』 49-4, 1967. 533쪽.
51 앞서 말했듯이, 현재 『상이주』는 3장부터 7장까지만 남아있을 뿐이다. 잔본에는 '老子道經上 想爾'라는 말이 적혀 있다. 그러므로 일실된 부분의 명칭은 '老子德經下 想爾'일 것이다.
52 정통도장에서는 이 글이 太上老君經律이라는 제목 아래 老君百八十戒와 함께 실려 있는데, 두 문헌간의 관계는 알 수 없다. 정통도장에서는 이들 문헌이 모두 남북조기에 나온 것으로 추정된다고 보고 있는데, 두 문헌간의 관계와 성립 시기에 관해서는 더 많은 연구가 필요하다. 이 글에서는 오부치가 상이주 도계라고 말하는 도덕존경계만을 다룬다.
53 大淵忍爾, 「敎團宗敎の形成」, 窪德忠·西順藏, 조성을 역, 『중국종교사』, 한울아카데미, 1996, 46쪽.

중품까지 행하면 수명이 두 배가 되고, 하품을 행하면 수명이 늘고 요절하지 않음"⁵⁵을 들고 있다. 정말로 이 문헌이 『상이주』에서 말하는 도계라면 『상이주』의 도계는 지혜로운 삶 혹은 퇴양과 인순의 삶에 관한 것이라고 보아야 할 것이다.

이런 착상을 지지하는 근거가 또 있다. 예를 들어, 15장 "안이동지서생安以動之徐生"의 주는 다음과 같다. "일을 도모하려할 때 먼저 도계에 비춰보고 조용히 그 뜻을 생각하여 도에 어긋나지 않아야 하고 천천히 행하면 생도에서 떨어지지 않을 것이다."⁵⁶ 도계의 내용이 단순한 도덕규범이라면 도계에 비춰서 조용히 그 뜻을 생각해 볼 필요가 없을 것이다. 특정한 상황을 도계에 비춰 반추해봐야 한다는 지적은 도계가 구체적 도덕규범이기 보다는 지혜의 격언일 가능성을 높인다. 그러나 지혜의 격언만으로 사회의 건강을 이룰 수 있을까? 그건 가능하긴 하지만 쉽지 않은 일이다. 굳이 그 뜻을 되새기지 않아도 되는 그런 명확한 규범이 요구되었을 것이다.

앞의 상이계에는 '행제선行諸善'이라는 조목이 있고, 『상이주』에서 자주 보이는 '봉도계奉道誡'니 '수도계守道誡'니 하는 기술방식은 도계가 단순한 도덕규범일 가능성을 높인다. 무엇보다도

---

54 正統道藏 30冊 543쪽: 行無爲行柔弱行守雌勿先動行無名行淸靜行諸善, 行無欲, 行知止足, 行推讓.

55 正統道藏 30冊 543쪽: 備上行者, 神仙, 六行者, 倍壽, 增年不橫夭者, 神仙, 六行者, 倍壽, 三行者, 增年不橫夭.

56 人欲擧事, 先考(본래는 孝자로 되어 있지만 考자로 봐야 할 것이다) 之道誡, 安思其義, 不犯道, 乃徐施之, 生道不去.

'도덕존경계道德尊經戒'의 27계에서 단순한 도덕규범의 전형을 찾을 수 있다.

삼가 삿됨을 좋아하지 말라. 좋아함은 노여움과 같다. 삼가 정기를 낭비하지 마라. 삼가 왕기를 해치지 말라. 살아있는 것을 먹으면서 그 풍미를 즐기지 말라. 공명을 탐내지 말라. 거짓을 행하지 말라. 거짓은 형명의 도를 말한다. 도법을 잊지 말라. 시험 삼아 움직이지 말라. 살해하지 말고 살해를 입에 담지도 말라. 이것이 상 9계다.

삼가 삿된 글을 배우지 말라. 높은 직위와 영화를 탐내서 억지로 구하지 말라. 명예를 구하지 말라. 이목에 의해 오판하지 말라. 마땅히 겸손해야 한다. 경거망동하지 말라. 일을 행할 때는 상세히 살피고 마음으로 혼란스러워하지 말라. 몸을 방자하게 하여 좋은 옷과 음식을 입거나 먹지 말라. 넘쳐나게 하지 말라. 이것이 중 9계다.

빈천하다고 하여 부귀를 애써 구하지 말라. 어떤 악이든 행하지 말라. 너무 꺼리지 말라. 귀신에게 제사하지 말라. 사납게 행하지 말라. 자신이 옳다고 하지 말라. 다른 이와 옳고 그름을 다투지 말라. 다툼이 있으면 먼저 피하라. 스스로 성스럽다하고 이름을 높이는 짓을 하지 말라. 전투를 좋아하지 말라. 이것이 하 9계다.[57]

---

[57] 正統道藏 30冊 543쪽: 戒勿喜邪, 喜與怒同. 戒勿費用精氣. 戒勿傷王氣. 戒勿食含血之物, 樂其美味. 戒勿慕功名. 戒勿爲僞, 彼指形名道. 戒勿忘道法. 戒勿爲試動. 戒勿

결국 『상이주』의 윤리를 양생윤리라고 한다면, 『상이주』의 양생윤리는 단순한 도덕규범과 지혜의 격언을 함께 묶은 모양이었을 것이다. 그건 어쩌면 노자를 인격신화하여 도와 동치시키고 도의 가르침을 도계라고 하는 『상이주』의 논리적 귀결일 것이고,[58] 또한 생명의 양육이 최고의 목표인 『상이주』의 당연한 귀결점일 것이다.[59] 그렇다면 『상이주』의 도계는 『도덕경』에서 도덕규범이 분리되어 나오는 와중의 모습을 즉, 양생이 사회와 결합하기 시작하는 초기의 모습을 보여준다고 평할 수 있을 것이다.

그런데 『도덕경』의 퇴양과 인순을 통한 생명의 유지는 『상이주』가 『도덕경』의 주석서형태를 띄고 있으므로 그렇다고 해도, 도대체 선악과 수명을 연결시키는 그 관념은 어디서 온 것일까?

殺. 言殺. 此上最九戒. 戒勿學邪文. 戒勿貪高榮強求. 戒勿求名譽. 戒勿爲耳目口所誤. 戒常當處謙下. 戒勿輕躁. 戒擧事當詳. 心勿惚恫. 戒勿恣身. 好衣美食. 戒勿盈溢. 此中最九戒. 戒勿以貧賤強求富貴. 戒勿爲諸惡. 戒勿多忌諱. 戒勿禱祀鬼神. 戒勿強梁. 戒勿自是. 戒勿與人爭曲直. 得靜先避之. 戒勿稱聖名大. 戒勿樂兵. 此下最九戒.

[58] 一者, 道也 …… 一散形爲氣, 聚形爲太上老君, 常治崑崙. 도의 인격신화와 관련된 구체적 논의는 大淵忍爾, 「五斗米道の敎法について(上)」, 『東洋学報』 49-3, 1966의 1절과 2절을 참조할 것.

[59] 도덕경의 특성인 퇴양과 인순을 통한 처세적 양생이 도덕경이 도덕규범으로 발전한 요인이었다고 볼 수도 있을 것이다.

2 생명과 윤리를 연결시킨 생각의 맹아

『태평경』에서는 "효와 장수를 결합시킴으로써 현실적 인간의 윤리적 덕목과 도교적 인간의 이상을 결합한다. …… 효나 인 같은 인륜성의 실현은 현실에 사는 인간존재의 도덕적 행위이다. 그러한 도덕적 행위와 인간의 수명은 밀접한 관련이 있다. 도덕적 행위, 인륜성의 실현은 그 자체가 목적이 아니라 인간의 생명력을 보존하기 위한 수단이다. …… 이처럼 현실에서의 윤리적 행위가 장수를 보장한다는 도교적 윤리관념은 후대 공과격 사상의 선구이다."[60] 윤찬원이 말하는 것처럼 『태평경』윤리는 윤리와 생명의 결합위에 구축되었다. '병귀천유비결病歸天有費訣'에 나오는 다음 구절의 뜻은 너무나 선명하다.

> 힘써 선을 행하고 금하는 것을 범하지 않기 위해 노력하면 생의 활력과 천수를 누릴 수 있다. 선을 행하려 하지 않으면 스스로 장수하지 않는 방법을 찾는 꼴이요, 스스로 귀신이 되려 하는 것이니, 생명을 탐하지 않는 것을 어찌할 수 있겠는가?[61]

그러나 『태평경』이라는 오두미도의 활동기와 거의 유사한 시

---

60 윤찬원, 『도교철학의 이해』, 돌베개, 1998, 182-183쪽.
61 太平經合校·卷一百十一·病歸天有費訣: 努力爲善, 無入禁中, 可得生活竟年之壽. 不欲爲善, 自索不壽, 自欲爲鬼, 不貪其生, 無可奈何也

기에 성립된 문헌이 아닌 다른 연원은 없을까? 사마천은 『사기』에 순우의淳于意라는 전한기에 활동했던 의사의 의안醫案을 25건 기록해두었다. 이 의안은 신비적인 측면이 많은 「편작전」의 의안과는 비교할 수 없을 정도로 신뢰도가 높다. 그런데 이들 의안에서 말해지는 병인론은 대부분 음주와 입방(성교)이다. 예를 들어, 첫 번째 의안에서 순우의는 제나라 시어사를 지낸 성의 병을 진단한 후, "성의 병은 술을 먹은 후 방사에 골몰한 때문에 생긴 것입니다."[62]라고 말한다. 그러나 모리타森田傳一郎가 지적하는 것처럼, 이런 병은 음주와 입방으로 생기지 않는다.[63] 슈Elisabeth Hsu는 로이드G.E.F.Lloyd의 연구를 인용하면서, 이처럼 엉뚱한 병인론은 질병과 책임을 연결시키는 사유방식에 의거한 것이라고 말한다.

> 현대어 etiology(병인론)은 그리스어 aitia에서 연원했다. 로이드G. E. F. Lloyd는 '그러므로 aitia가 원인이라는 의미로 사용되기 전에 그것은 책임이나 미움을 의미했다. 따라서 'to aition'의 의미는 책임져야 하는 것(that which is responsible)과 같은 의미다.' 로이드는 육체적 인과의 단어가 인류의 책임이라는 영역에서 도출되었다고 말하는 것이다. 순우의의 말도 그렇게 보는 것이 합리적이다.[64]

---

62 史記·扁鵲倉公傳: 成之病得之飲酒且內
63 森田傳一郎, 『史記扁鵲倉公列傳譯註』, 雄山閣出版, 1986, 68쪽.
64 Elisabeth Hsu, Pulse diagnostics in the western han, Elisabeth Hsu edi. *Innovation in Chinese Medicine*, Cambridge University Press, 2001, p.70.

질병과 윤리의 관계가 보편적이었다면, 생명과 윤리의 관계도 그랬다고 해야 한다. 질병과 윤리를 연결시키는 관점이 보편적 사유방식이라면, 이 관념의 시작점을 찾을 필요는 없다. 그렇지만 '이 생각의 중국적 양상은 무엇이었을까?'라는 질문은 여전히 유의미하다. 『상이주』 4장, '좌기예挫其銳, 해기분解其忿'의 주와 21장 '기중유신其中有信'의 주에서 단서를 찾을 수 있다.

예라는 것은 마음이 막 악을 도모하려고 하는 상태고 분이라는 것은 노여움으로, 도는 어느 것도 좋아하지 않는다.[65]

무릇 보정하기 위해서는 마땅히 온갖 행실을 닦아서 선을 드러내야 하고, 오행을 조화시켜 희로의 감정을 모두 없애야 한다.[66]

두 문장에서 관심을 기울여야 하는 것은 선악과 감정을 병치시키고 있다는 점이다. 특히 4장에서는 '개皆'자를 써서 이 점을 분명히 하고 있다. '모두'라는 표현은 예銳 즉, 악의 발로상태와 분忿이라는 노여움이 병렬적임을 함축하지 않는가? 21장도 '백행당비百行當備, 만사당저萬善當著'과 '조화오행調和五行, 희노실거喜怒悉去'를 병렬적으로 보는 것이 자연스럽다. 4장의 이어지는 구절을

[65] 銳者, 心方欲圖惡. 忿者, 怒也. 皆非道所喜
[66] 夫欲寶精, 百行當備, 萬善當著, 調和五行, 喜怒悉去.

조금 자세히 살펴보자.

> 분노가 다투면 마음이 격하고, 급히 뜯는 현소리가 날카로운 것, 그 까닭은 지나치기 때문이다. 조금씩 오랫동안 노하는 것은 죽음을 쌓는 것과 같다. (결국에는) 질병으로 다치게 되고 오장이 상하면 도라고 해도 치료할 수 없다. 그러므로 도는 주의를 주고 거듭 정성스럽게 가르친다. 오장이 해를 입는 까닭은 모두 금목수화토기가 조화롭지 않기 때문이다. 조화로우면 상대를 낳아주고 다투면 상대를 누른다. 노여움을 따라 마음을 일삼으면, 곧 병이 생긴다. 한 장에서 병이 생기면 (오행의 원리에 따라) 이기는 장을 눌러서 병을 심화시키고 (그로 말미암아) 사람을 죽이게 된다. 건강한 사람은 노한다고 해도 약한 기운으로 왕성한 기운을 제압하는 꼴이니 해를 입지 않을 수 있다. (그러나) 비록 그렇다고 해도 죽음과의 거리가 머리카락 하나만큼 뿐이 안 된다. 쇠약해진 사람은 왕성한 노여움의 기운이 약한 기운을 제어하는 꼴이니 병이 생겨나고 만다.[67]

---

67 忿爭激, 急絃聲, 所以者過. 積死遲怒, 傷死以疾, 五藏以傷, 道不能治, 故道誡之, 重教之丁寧. 五藏所以傷者, 皆金木水火土氣不和也. 和則相生, 戰則相克, 隨怒事情, 輒有所發. 發一藏則故克所勝, 成病殺人. 人遇陽者, 發囚刻王(한 대에는 오행가들이 사시의 전변을 王이나 囚 등의 용어로 설명하곤 했는데, 통일되어 있지는 않았고, 경우에 따라 조금씩 다르다. 예를 들어,『淮南子·墜形訓』에서는 壯, 老, 生, 囚, 死로『論衡·難歲篇』에서는 王, 相, 胎, 沒, 死, 囚, 廢, 休로 설명하고 있다.『논형』에서는 주역의 팔괘를 고려했을 것이다. 주지하듯이『논형』이 쓰여진 후 한대에는 오행과 주역을 연결한 술수가 유행했다.『상이주』에서는 이 용어를 빌려서 사용하고 있을 뿐이다. 젊은 사람은 건강한 양체이므로 음한 병의 기운

오행을 조화시켜 즐거움과 노여움을 모두 버려야 한다는 것은 마음의 안정을 의미하는 것이다. 이처럼 마음의 안정을 중시하는 대목은 『상이주』곳곳에서 볼 수 있는데, 마음의 분란이 질병을 일으킨다는 논리에는 민속종교적 요인이 전무하다. 그건 선악을 천조天曹에서 관할한다는 논리와 다르다. 그렇지만 양자는 모두 생명과 연결되어 있다는 점에서 부합한다. 즉,

『상이주』의 선악과 생명의 논리: 선악 - 천조의 관할 - 생명의 증감
『상이주』의 감정적 동요와 생명: 감정적 동요 - 오행의 논리 - 질병

4장 "도충이용지불영道沖而用之不盈"의 주에는 "도는 중화를 귀하게 여기니, 중화에 맞춰서 행해야 한다. 지의를 넘치게 하여 도계를 어겨서는 안 된다."[68]는 말이 보인다. 주지하듯이 중화는 대개 희노애락과 같은 감성적 반응의 적절성을 의미한다고 받아들여진다. "희로애락이 발하지 않은 것을 중이라 하고, 발하여 절도에 맞는 것을 화라고 한다."[69] 마음의 안정 혹은 반응의 적절성은

이 그 양함을 이겨낼 수 없으므로 큰 해를 입지는 않을 수 있지만 상처가 남아서 결국에는 해를 끼치게 된다는 뜻이다.) 怒而無傷, 雖爾, 去死如髮耳. 如人哀者, 發王刻囚, 禍成矣.

68 道貴中和, 當中和行之, 志意不可盈溢, 違道誡
69 喜怒哀樂之未發, 謂之中, 發而皆中節, 謂之和.

동양전통의 윤리적 이념이라고 할 수 있을 것인데, 마음의 교란을 질병과 연결시키는 이런 관념은 오래된 것이다.

예를 들어, 『관자』에서는 "무릇 사람들의 생명은 반드시 평온함에서 얻어진다. 그런 평온함을 잃게 되는 까닭은 반드시 희로애락의 감정적 동요 때문이다."[70]라고 말하고 있다. 감정과 건강을 연결시키는 생각은 이후 한의학에서 체계적으로 채용되었다. "그러므로 지혜로운 이의 양생은 반드시 사시에 따라 한서에 적절히 대응하고 희로의 감정을 조화시키고 거처에 편안하며 음양과 강유를 조절한다. 이와 같으면 벽사가 이르지 않아 장생구시할 수 있다."[71] 벽사僻邪는 사기邪氣를 말하는데, 사기가 병을 초래한다는 것은 한의학 기본경전인 『황제내경』의 주된 질병관이다. 감정을 조화시키는 것은 사벽을 막아내는 즉, 병을 방지하는 방법으로 말해지고 있는 것이다. 그런데 과한 감정의 유로가 질병을 일으킨다고 본 까닭은 무엇일까? 『영추靈樞』「본신本神」편의 설명은 꽤 구체적이다.

두려워하고 사려를 깊이하면 신을 상한다. 신을 상하면 두려워하게 되고, 그러면 신이 흘러나감이 그치지 않는다. 슬픔으로 속이 격동하면 신기가 고갈되어 끊어져 생명을 잃게 된다. 기쁨과 즐거움이 지나치면 신이 흩어져 저장되지 않는다. 근

---

[70] 管子·心術: 凡民之生也, 必以正平. 所以失之者, 必以喜樂哀怒
[71] 故智者之養生也, 必順四時而適寒暑, 和喜怒而安居處, 節陰陽而調剛柔, 如是則僻邪不至, 長生久視

심하면 기가 막혀 움직이지 않는다. 크게 노하면 미혹되어 다 스려지지 않고 신도 흩어져 거두어 들여지지 않는다.[72]

조금씩 설명이 다르긴 하지만 그 설명의 배후에서 '오장에 들어 있는 신이 흩어지는 것이 좋지 않다'는 생각을 읽어낼 수 있다. 그리고 신을 생명력 자체로 보고 있는 관점을 엿볼 수 있다. 「본신」편 첫머리에 있는 황제와 기백의 문답은 이 생각을 좀 더 구체적으로 지적하고 있다.

황제가 기백에게 물었다. 무릇 침은 반드시 신에 근본하여야 합니다. 혈, 맥, 영, 기, 정, 신은 오장이 품고 있는 것입니다. 이런 것들이 과도하게 흘러넘쳐서 장을 떠나게 되면 정은 소실되고 혼백은 떠버리며 지의는 어지럽게 되고 지려도 떠나고 마니 이런 것은 그 까닭이 무엇입니까? 기백이 답했다. 하늘이 내게 준 것이 덕이요, 땅이 내게 준 것은 기입니다. 덕이 흐르면 기가 부딪혀서 이들이 결합하여 사는 것입니다. 그러므로 생명의 연원을 정이라 하고 양정과 음정이 서로 부딪혀 발현되는 것을 신이라 합니다.[73]

---

[72] 靈樞·本神: 怵惕思慮者, 則傷神, 神傷則恐懼, 流淫而不止. 因悲哀動中者, 竭絶而失生, 喜樂者, 神憚散而不藏, 愁憂者, 氣閉塞而不行, 盛怒者, 迷惑而不治, 恐懼者, 神蕩憚而不收

[73] 靈樞·本神: 黃帝問於岐伯曰, 凡刺之法, 先必本於神, 血脈營氣精神, 此五藏之所藏也, 至其淫泆離藏則精失, 魂魄飛揚, 志意恍亂, 智慮去身者, 何因而然乎, 天之罪與, 人之過乎. 何謂德氣生精神魂魄心意志思智慮, 請問其故. 岐伯答曰, 天之在我者, 德也, 地之在我者, 氣也, 德流氣薄而生者也. 故生之來謂之精, 兩精相搏謂之神

신은 오장 각각에 들어 있는 혈, 맥, 영, 기, 정, 신 중 하나이자, 그 전체를 포괄하는 것으로서 동시에 양정과 음정이 결합해서 만들어낸 생명 그 자체다. 그리고 사려와 분노 등은 모두 그런 오장, 결국 마음속에 들어 있는 생명이 발로된 것이다. 그렇다면 감정의 과도한 유로를 경계하고 그것이 생명의 손상을 초래한다는 관념의 뿌리를 알 수 있다. 고대 중국인의 생각은 이런 것이 아니었을까?

1) 신은 생명력 그 자체이거나 생명력을 대표한다.
2) 생명은 잘 보관되어 있어야 하고 밖으로 흘러나가서는 안 된다.
3) 감정의 유로는 생명력의 유출과 같다.
결론: 따라서 신의 유로를 초래하는 마음의 불안정 즉, 감정은 건강을 해칠 수 있다.

이상의 추론이 옳다면 다음과 같이 말할 수 있을 것이다. '전통적으로 마음의 교란은 질병과 연결되고 있었고, 『황제내경』의 질병관은 감정과 질병이 연결되어 있다는 관념에 전폭적으로 의존한다. 그리고 이런 관념은 후에 옳고 그름의 가치적 기준과 연결되면서 동양윤리관의 중심에 자리를 잡게 되었다.'

스탕Sarah Stang은 이런 인식 즉, 감정의 교란과 생명이 연결되어 있다는 관념을 개인의 심리적이고 육체적 건강 뿐 아니라 사회적 건강과도 연결시킨다. "고대 중국인들은 가족과 사회를 병들게 하는 감정의 효과를 제어하려 했고, 또한 사람들의 육체적이고 정신적인 건강에 대한 감정의 부정적 효과를 없애려 했다."[74] 물론 『중용』에서 화를 '감정이 발하여 절도에 맞는 것'이라고 할 때, 절도는 분명 사회를 전제한다. 그러나 감정과 생명 혹은 건강을 연결시키는 이 논리는 개인적 차원에 중심이 놓여있었다.

『상이주』 도계에 보이는 도덕규범의 준수를 요구하는 윤리는 새로운 것이었다. 그건 선에 이르는 과정보다는 이미 확정되어 있는 선의 준수를 요구하기 때문에, 개인보다는 사회 쪽에 방점이 찍힌다. 그럼에도 불구하고 생명과 윤리를 연결시키는 관념을 유지하기 위해서는 기존의 의학적 논리와는 다른 설명법이 요구되었을 것이다. 악행을 했을 때 괴로움이 찾아와서 병이 든다고 설명할 수도 있었겠지만, 『상이주』에서는 좀 더 쉽고 더 천근한 두려움, 민중들 속에 이미 공유되고 있던 두려움을 이용하는 길을 택했다. 양생윤리는 어떤 방식으로 윤리를 강제했을까?

3 『상이주』 양생윤리의 골격

『상이주』의 양생윤리는 민속신앙 위에 건립되었다. 그러나 양생윤리의 토대에 단순히 민중신앙과 관련된 개념만 있었던 것은 아

---

[74] Sarah Stang, Claude Larre, S.J. & Elisabeth Rochat de la Vallee Trans., *Rooted in Sprit-The Heart of Chinese Medicine*, Station Hill Press, 1995, preface XII.

니다.『상이주』의 저자는 정정이나 기氣와 같은 개념도 함께 버무려서 양생윤리를 구축했다. 이 절에서는『상이주』양생윤리라는 건물을 세우는데 들어간 다양한 재료 중, 정精, 천조天曹, 성誠, 태음太陰을 살펴보겠다. 신체관이나 감정에 관한 논의도 흥미롭지만, 이 정도의 개념으로도 양생윤리의 기제 혹은 골격을 보여주는데 문제가 없다.

먼저, 지적할 것은 정에 대한 개념이다. 고대 중국인에게 정은 생명의 씨앗 혹은 생명의 근원, 원동력 정도의 뜻을 지니고 있다. 그런데『상이주』에서는 이와 같은 전통적 개념을 받아들이면서도 그것을 만물발생론과 연결시키고 있다. 예를 들어, 21장 "기정심진其精甚眞"의 주에서는 정을 생사를 담당한 관리로 비유하고 있다.[75] 그리고 "묘명중유정窈冥中有精"의 주는 다음과 같다. "깨끗이 치워진 속에 도정이 있어, 그것을 만물에 나누어 주니 만물의 정은 모두 하나의 뿌리에서 나온 것이다."[76] 깨끗이 치워진 곳은 텅 빈 도를 말한다. 그런데『상이주』는 생명을 가치와 연결시키고 있기 때문에 생명의 근원인 정도 가치적 견지에서 설명된다. 이 점도 21장의 주에 보이는데 다른 내용도 많이 담고 있는 "기중유신其中有信"의 주석을 살펴보자.

---

[75] 生死之官也
[76] 大除中也有道精, 分之與萬物, 萬物精共一本,

옛날의 선사는 정을 보배로 여겨 살 수 있었는데, 오늘날의 사람들은 정을 잃어서 죽는다. 이것이 (정이 생사를 결정하는 기관이라는) 분명한 징험이다. 그런데 이제 다만 정을 모아두기만 해도 곧 살 수 있는가? 그렇지 않다. 모름지기 행실을 닦아야 한다. (그런데도 정을 말한) 이유는 정은 도의 별기로 몸에 들어와 근본이 되므로 (정을 잃지 않는 것만으로도) 생명의 반은 유지할 수 있기 때문이다. 무릇 보정하기 위해서는 마땅히 온갖 행실을 닦아서 선을 드러내야 하고, 오행을 조화시켜 희로의 감정을 모두 없애야 한다. 천조의 좌계에 기록되어 있는 산算에 남음이 있으면 정은 지킬 수 있다. 악인은 보정한다고 해도 공연히 수고로울 뿐, 끝내 정이 머무르지 않고 반드시 새나갈 것이다.[77]

본문의 '다만 정을 모아두는 것만으로는 살 수 없다'는 곳에서 정은 가치와 결합한다. 물론 결정結精이 무의미한 것은 아니다. 물리적인 축정畜精 즉, 원문의 결정만으로도 생명의 반은 구제할 수 있다. 그러나 그건 임시방책에 불과하다. 그러므로 악인은 보정한다고 해도 허무할 뿐, 정은 새나가고 만다고 말한 것이다.

『상이주』에는 후대도교윤리에서 중요한 역할을 했던 잘못을

---

[77] 古仙士寶精以生, 今人失精以死, 大信也. 今但結精, 便可得生乎. 不也, 要諸行當備, 所以精者道之別氣也, 入人身中爲根本, 持其半, 乃先言之. 夫欲寶精, 百行當備, 萬善當著, 調和五行, 喜怒悉去. 天曹左契, 算有餘數, 精乃守之. 惡人寶精, 唐自苦終不居, 必自泄漏也.

살피는 사과司過의 조신竈神이 보이지 않는다. 대신 천조天曹와 계契라는 관념으로『상이주』양생윤리를 뒷받침하고 있다. 천조는 21장의, "천조의 좌계에 기록되어 있는 산에 남음이 있으면 정은 지킬 수 있다. 악인은 보정한다고 해도 공연히 수고로울 뿐 끝내 정이 머무르지 않고 반드시 새나갈 것이다."[78]와 24장의 "죄가 천조에서 이루어지면 우계가 이르지 않아도 다하고 결코 남음이 없다."[79]에 보인다.

라오종이의 조사에 따르면, "수지隋志의 도경서록道經序錄에는 천조에 주상하여 액을 제해달라는 것을 상장이라고 하고, 소도론笑道論에서는 천지수의 삼관, 구부, 구궁, 120조曹라는 말이 있으며, 태상동현영보삼원옥경현도대헌경서太上洞玄靈寶三元玉京玄都大獻經序에서는 일체중생은 생사의 수명을 기록한 장부와 선악의 부록이 모두 삼원구부천지수삼관三元九府天地水三官에 있으니 공과를 고찰함에 추호도 실수가 없다는 말이 보인다."고 한다.[80]

간단히 말하자면 고대 중국인들은 사후의 세계도 인간세와 마찬가지로 일종의 관부가 다스리고 있다는 생각을 갖고 있었는데, 그런 생각이 양생윤리에도 반영된 것이리라.[81] 다만『상이주』의 천조는 하늘의 일을 담당하는데 그치지 않고, 지상세계 사람들의

---

78 天曹左契, 算有餘數, 精乃守之. 惡人寶精, 唐自苦終不居, 必自泄漏也
79 罪成結在天曹, 右契無到而窮, 不復在餘也,
80 饒宗頤,『老子想爾注校證』, 上海古籍出版社, 1991, 71쪽.
81 중국인들의 사후세계에 대한 관념은 Yu Yingshih, "O Soul, Some Back," Havard Journal of Asiatic Studies 47:2, 1987을 참고할 것.

선악에 따라 수명의 장단을 담당했던 것이다. 하늘의 관부에서 사람들의 수명을 관장한다는 생각은 『태평경』에도 보인다. 『태평경』에는 천조天曹라는 말이 한 번 보이는데, 수명을 담당하고 있다는 점에서 『상이주』의 천조와 다르지 않다. 그런데 특이하게도 『태평경』에는 악조惡曹니 선조善曹니 하는 말도 보인다.

> 악을 지었어도 능히 스스로 뉘우칠 수 있으면 이름이 선조에 있을 수 있고, 선이 악으로 바뀌면 다시 옮겨가 악조에 있게 된다. 어떻게 악을 풀어버릴 수 있겠는가?[82]

> 스스로 책망하고 잘못을 뉘우칠 수 있으면, 장부에 생명을 기록하는 신이 수조로 옮겨간다.[83]

> 천군이 명조에 명하여 각각 서로 옮겨가고 서로 상부하게 하니 작은 사특함도 있을 수 없다. 위에서 아래를 맞추니 어찌 실수가 있겠는가?[84]

결국 천조에서 수명을 관장하되 천조는 다시 악을 관장하는 악조와 선을 관장하는 선조로 나뉨을 알 수 있다. 수조는 선조와

---

[82] 惡能自悔, 轉名在善曹中. 善為惡, 復移在惡曹, 何有解息

[83] 太平經合校·卷一百十一·大聖上章訣: 人能自責悔過者, 令有生錄籍之神移在壽曹.

[84] 太平經合校·卷一百十一·善仁人自貴年在壽曹訣: 天君敕命曹, 各各相移, 更為直符, 不得小私, 從上占下, 何得有失.

같은 의미이고 명조는 명을 관장하는 관부로서 천조와 차이가 보이지 않는다. 그런데『상이주』에서는 선조와 악조대신에 좌계와 우계라는 개념을 사용한다.

구바오티엔 등은 좌계가 선행을 닦은 이들의 명부이고 우계는 악행을 닦은 이들의 명부라고 말한다. 확신할 순 없지만 가능한 견해다.[85] 34장에서는 "도계를 준수하는 이는 좌계에 두고 따르지 않는 이는 우계에 둔다."[86]고 하고 있고 31장에서도 "고길사상좌故吉事尙左, 상사상우喪事尙右."의 주석에서 "좌우의 계를 말한다."[87]고 하고 있기 때문이다. 보다 강력한 증거는 24장에 보인다. 이곳에서는 "천조에서 죄가 이루어지면 우계가 아직 이르기 전인데도 곤궁하게 되어 결코 남는 수명이 없다."[88]고 말한다. 어쨌든 계약의 개념을 사용하는 것으로부터 그 배후에 하늘과의 계약관계를 전제하고 있음을 알 수 있다.『상이주』에서 행했다고 알려진 삼관수서 즉, 천, 지, 수의 삼관에게 죄를 짓지 않을 것을 맹세하는 글을 썼다는 것에서도 계약관계의 관념을 엿볼 수 있다.[89]

『상이주』에는 천조에 대응하는 태음太陰이라는 표현이 보인다.

---

[85] 顧寶田·張忠利,『老子想爾注』, 三民書局印行, 1997, 105쪽.
[86] 教人以誠愼者宜左契, 不誠愼者置右契
[87] 左右契也
[88] 罪成結在天曹, 右契無到而窮, 不復在餘也
[89] 오부치는 이 계약의 형식이 당시의 계약서 이를테면 토지 매매문서인 지권과 같은 것을 본땄으리라고 추정하고 있는데(大淵忍爾,「황건의 난과 오두미도」, 임대희외 역,『위진남북조사』, 서경, 2005, 60쪽), 도교의 계약관념과 당시의 계약관계를 추급하는 것은, 후대의 공과격의 의미를 밝히는 데도 의미가 있을 것이다.

즉, 16장 "몰신불태沒身不殆"와 33장 "사이불망자수死而不亡者壽"의 주는 다음과 같다.

도에 따라 선을 쌓았으면, 태음은 몸을 단련하는 곳이 된다.[90] (구체적으로 말하자면 다음과 같다.) 세상에 머물만한 곳이 없으면 현자는 (그곳을) 피해 죽음에 몸을 맡긴다. (죽어서) 태음을 지나는 중에 한쪽에 다시 태어나므로 몸을 잃어도 위태롭지 않다. 속된 사람들은 선행을 쌓지 못하기 때문에 죽음이 곧 진정한 죽음이 되어 지관[91]에 속하고 만다.[92]

도인이 모든 것을 갖춰서 행하면 도신이 귀의한다. 세상을 피해서 죽음에 의탁하면 태음 중에 만날지라도 다시 태어나 떠나서 없어지지 않기 때문에 장수할 수 있다. 속인은 선업을 쌓지 않았기 때문에 죽으면 지관에 속해 곧 없어진다.[93]

---

[90] 구바오티엔은 이 구절을 태음의 도를 닦는다고 해석하고 있다. 『상이주』에 보이는 시해를 일종의 양생술로 보기 때문에 이렇게 해석하는 것이다. 그러나 최소한 『상이주』의 시해는 '양생술에 의해 얻어지는 결과물 혹은 불사의 다른 해석이지 그 자체가 양생술은 아니다. 顧寶田·張忠利, 『老子想爾注』, 三民書局印行, 1997, 75쪽.

[91] 오두미도에서는 사람들에게 죄를 기록한 세통의 글을 지어서 천, 지, 수의 삼관에게 바치고 신명과 다시는 죄를 짓지 않겠다고 맹세토록 하였다.(『魏志·張魯傳』) 이때 쓴 편지를 삼관수서라고 말한다. 그러나 이곳의 지관이 삼관수서의 삼관 중 하나인 지관은 아닐 것이다.

[92] 太陰道積練形之宮也. 世有不可處, 賢者避去託死. 過太陰中, 而復一邊生像, 沒而不殆也. 俗人不能積善行, 死便眞死, 屬地官去也.

[93] 道人行備, 道神歸之, 避世託死, 過太陰中, 復生去爲不亡, 故壽也. 俗人無善功, 死者屬地官, 便爲亡矣.

재생이라든가 시해와 같은 관념은 『상이주』 이전부터 확인된다. 예를 들어, 『사기史記』에서는 한무제기에 활동했던 방사 이소군의 죽음을 다음과 같이 기록하고 있다. "오랜 시간이 흘러 이소군이 병사하였으나 천자는 그가 화거하였으며 죽지 않았다고 여겼다."[94] 태음은 사후의 세계를 이르는 말이다. 그런데 흥미로운 것은 위의 인용문에서 사후에 이르는 곳을 태음과 지관으로 이분하고 있다는 점이다. 사후의 세계를 이처럼 이분하는 것은 언제부터 시작된 것일까? 무기타니 쿠니오麥谷邦夫에 따르면 『태평경』에서 태음은 최소한 두 가지 의미로 쓰인다고 한다. 『태평경』에서는,

> 태음을 태양, 중화와 대를 이루는 원기의 구성요소로 제 일의 적으로 규정하고 음양설의 상식에 따라 태양을 천에 태음을 지에 배당하고 있다. 여기에 더하여 태음은 인간행위의 선의를 기록하고 거기에 응해서 수명을 삭감하는 권능을 지는 관부로서 태평경의 중요한 주장인 승부설의 일익을 담당하고 있다.[95]

여기서는 후자가 중요한데, 그렇다고 해도 『상이주』처럼 다시 혈육을 재생시키는 장소는 아니다. 실은 『상이주』와 비교해 볼 때, 『태평경』에서는 신선설의 영향이 강하게 드러나지 않는다.[96]

---

[94] 居久之, 李少君病死. 天子以爲化去不死也 시해선과 태음에 관한 보다 자세한 내용은 宮川尙志, 『中國宗敎史硏究 第一』, 同明舍刊, 1983, 439-457쪽을 참고할 것.
[95] 麥谷邦夫, 「老子想爾注について」, 『東方學報 57』, 1985, 94쪽.

무기타니는 태음이 단순한 사후의 세계가 아니라 시해술과 연결된 그런 개념으로 발전되는 것은, 불교의 영향과 갈홍이 주장했던 연금술의 실패 등을 전제로 하는 동진시대이후의 일이라고 주장한다.[97] 그의 주장은 『상이주』의 성립시기를 내심 목표로 하고 있기 때문에 이곳에서 다 따르기는 어렵다. 그렇지만 태음이 시해술과 연결된 것이 도홍경의 『진고眞誥』에서 확인된다는 점은 주목할 만하다.

> 그 사람이 잠시 죽어 태음에 가면 …… 살이 문드러지고 혈액이 잦아들고 맥이 흩어져도 오장이 절로 생겨나고 백골이 옥과 같아지며 칠백이 호위하고 삼혼이 집안을 지키니 …… 혹은 삼십 년이나 이십 년 후에 뜻대로 나오는데 태어날 때는 혈육을 거둬 기르고 진액을 생성하며 형질을 복원하여 과거 아직 죽지 않았을 때의 용모보다 낫게 된다. 진인이 태음에서 몸을 단련함이 삼관보다 쉽다는 것은 이것을 말하는 것이다.[98]

이처럼 시해와 태음을 연결시키는 것이 도홍경의 문헌에서 최

---

[96] 물론 『태평경』에도 시해의 관념이 전무한 것은 아니지만, 무기타니가 지적하는 것처럼 시해는 『태평경』에서 중요한 위치를 점하지 못한다.
[97] 麥谷邦夫,「老子想爾注について」,『東方學報 57』, 1985, 96쪽.
[98] 中華道藏本, 第二冊: 若其人暫死適太陰, 肉旣灰爛, 血沈脈散者, 而猶五藏自生, 白骨如玉, 七魄營侍, 三魂守宅. 或三十年二十年, 或十年三年, 隨意而出. 當生之時, 卽更收血育肉, 生津成液, 復質成形, 乃勝於昔未死之容也. 眞人鍊形於太陰, 易貌於三官者, 此之謂也.

초로 확인된다는 것은 분명『상이주』성립 년대에 중요한 의미를 지닐 것이다. 그러나 문헌의 부재를 지적할 수도 있고, 또 이 해제의 초점은 상이주의 핵심인 양생윤리에 놓여 있으므로, 이곳에서는 다음과 같은 정도의 소결에 이르는 것으로 만족해야겠다. '본래 재생의 개념을 지니고 있던 이들이 그 개념을 신선술과 연결시켜 시해의 개념으로 발전시키고 그것을 다시 사후의 세계를 의미하던 태음이라는 개념과 결합시킨 것이『상이주』의 태음과 사후세계 그리고 양생윤리의 토대가 되었을 것이다.'

그간 행해진『상이주』연구의 관점은 주로 종교적인 것이었다. 종교적 시선하에서『상이주』를 바라보았기 때문에 불교와의 영향관계라든지, 태상노군의 신격화라든지, 천지창조에 관한 함축 등이 주로 논의되었다.『상이주』를 양생의 전개라는 관점에서 바라보면 양생윤리가 부각된다. 그리고 그 배후에서 양생의 사회화라는 시대적 응전을 엿볼 수 있다. 양생윤리는 개인의 영역에 머물렀던 즉, 개인의 육체적 정신적 건강만을 목표했던 양생이 사회적 건강을 목적하게 된 결과물이라고 할 수 있다. 물론 양생이 윤리라는 방법을 취해야 할 필연적 이유는 없었을 것이다.

그러나 감정을 중요한 생명의 단서로 생각하고 감정의 유로를 생명의 소실로 보는 관념이 전통윤리의 핵심이었다면, 양생의 사회화가 윤리와의 결합을 통해 이뤄져야 한다는 생각은 필연적 귀결로 보인다. 그런데『상이주』의 양생윤리는 아직 도덕규범의 영역까지 충분히 내려오지 못했고, 『도덕경』등에 보이는 퇴양과 인순의 지혜를 담고 있다. 그것은 감정의 안정을 추구하던 기존의 양생론과는 다른 것이었다. 그러므로 마음의 안정을 지향하던 전통윤리와는 다른, 생명과 윤리를 연결하는 기제가 요구되었다.

『상이주』의 저자는 그것을 아마도 민중들 사이에 널리 펴져있었을 민속신앙, 그 중에서도 특히 종교적 두려움과 관련되어 있던 심판자로서의 하늘이라는 관념과 연결시켰던 것으로 보인다. 그 결과 하늘의 천조에서 관할하는 선악은, 좌계와 우계에 기록되었다가 수명의 증감을 판단하는 근거로 사용되었고, 또 그런 논리의 요청에 의해 시해尸解라는 독특한 죽음관이 도입되기에 이르렀다. 『상이주』 양생윤리는 감정의 안정을 추구하던 전통윤리, 그리고 전통윤리의 배후에 있던 생명과 윤리의 결합이라는 관념이 민중신앙과 결합해서 만들어낸 양생론이자 민중종교윤리였던 셈이다.

상이주 역주

3장

통치자의 수양에 대해 말하고 있다. 통치자는 수양을 통해 백성들을 자신과 같은 상태로 유도함으로써 나라를 다스릴 수 있다고 주장한다. 왕필주나 하상공주의 해석도 크게 다르지 않다. 다만, 하상공주와 상이주가 좀 더 양생론 쪽에 가깝고 자세하다. 하상공주에서는 실기복實其腹을 체내신을 존상하는 수일守一의 기법으로 강기골强其骨을 방사를 줄이는 것으로 해석하고 있다. 수일의 기법이 민중에게는 수행하기 어려운 양생술이라는 점을 상기해야 한다. 하상공본이 식자층을 대상으로 하는 노자도덕경의 양생론적 해석서라면, 상이주는 민중을 대상으로 하는 양생론적 해석서라고 평가할 수 있다.

……[1]則民不爭, 亦不盜.

(현명함을 숭상하지 않고, 얻기 어려운 재화를 귀하게 여기지 않으면) 백성들은 다투지 않고 또한 도둑질을 하지도 않는다.

---

[1] 상이주는 본래 도경과 덕경의 두 권으로 되어 있었다. 1900년에 돈황에서 발굴될 당시에 도경만 발견되었는데, 앞부분은 확인되지 않는다.

"不見可欲, 使心不亂."

욕망할만한 것을 보지 않음으로써 마음을 어지럽히지 않는다.

> □□不欲視之, 比如不見, 勿令心動. 若動, 自誡耳.² 道去復還. 心亂遂之, 道去之矣.³

보지 않으려 한다는 것은 비유하자면 보지 않음으로써 마음을 흔들리지 않게 한다는 것과 같다. 만약 (마음이) 흔들리면 스스로 경계할 뿐이다. (스스로 경계하면) 도가 떠났다가도 다시 돌아온다. 마음이 어지러운데도 (경계하지 않고 두어서 어지러운 상태가) 고착되면, 도는 떠나 버린다.

聖人治, 靈其心, 實其腹.

성인이 백성들을 통치함에는 먼저 자신의 마음을 허령하게 하고 배를 채워야 한다.

> 心者, 規也,⁴ 中有吉凶善惡. 腹者, 道囊.⁵ 氣常欲實. 心爲凶

---

2 라오종이(饒宗頤)는 '若動自誡, □□道去'라고 했지만, 원문사진을 보면 한 자가 빠진 듯하다. 구바오티엔(顧寶田)은 '耳'자가 빠졌다고 보고 있다. 이 의견에 따른다. 역자가 참고한 구바오티엔의 역주본은 구바오티엔 외에도, 장중리(張忠利), 푸우광(傅武光)이 함께 참여했다. 푸우광이 교열을 봤고, 장중리는 구바오티엔과 함께, 역주를 달았다고 기록되어 있다. 본서에서는 편의상 구바오티엔만을 언급한다.

3 심란으로 도가 떠나고 심으로 도가 돌아온다는 것은 『관자』에서부터 확인되는 관념이다. 이런 관념은 무속에서 연원한 것이다. 즉, 무당이나 제관이 신을 부르는 과정에서부터 발전해온 것이다. 자세한 내용은 정우진, 「양생의 기원에 관한 연구」, 『범한철학』, 2011을 참조할 것.

4 규는 본래 원을 만드는데 사용되는 컴퍼스와 같은 것이다. 이런 용도 때문에 종종 법도라는 뜻으로 사용된다. 법도라는 의미를 조금 더 확장하면, 제어하다, 통제하다는 뜻으로 쓰일 수도 있다. 구바오티엔은 규가 '규(窺)'와 통하고, 도가에서 거울을 '규(窺)'라고 하는 용례가 있다는 점을 근거로 거울로 해석하고

惡, 道去囊空. 空者耶入,⁶ 便殺⁷人. 虛去心中兇惡, 道來歸之, 腹則實矣.⁸

마음은 (마음 안의 부정적 감정 등을) 제어한다. (대상으로서의 마음) 속에는 길, 흉, 선, 악이 모두 있다. 배는 도의 주머니다. 항상 기를 채우려 하지만, 마음이 흉악해지면 도가 떠나 주머니가 비게 된다. (주머니가) 비면 사기가 들어와 곧 사람을 죽인다. 마음속의 흉악한 생각을 비우면 도가 와서 귀의하니 배가 차게 될 것이다.

있다. 그런 해석은 위 글의 맥락과 어긋나지 않는다. 그러나 수양주체로서의 심의 측면이 잘 드러나지 않는다는 문제가 있다. 15장에서도 '情欲思慮怒憙惡事, 道所不欲. 心欲規之'라고 해서, 심을 욕정이나 감정을 제어하는 수양의 주체로 설정하고 있다.

5 '심정(心靜)'과 '도귀(道歸)'를 연결시키고 있는 『관자』에서는 도는 심에 머무는 것으로 설명되고 있다. 예를 들어 "욕심을 비우면 장차 신이 와서 머물 것[虛其欲, 神將入舍]"(관자에서 신은 도와 같다.)이라고 말한다. 그러나 상이주에서는 도의 주머니가 배라고 하고 있다. 이렇게 보면 심은 정신의 집이 아니지만, 몸을 규제할 수 있는 중심이 된다. 주체로서의 심과 객체로서의 심이라는 구도에는 변화가 없다. 다만, 수양의 목표로서 정신을 불러들이는 곳으로 마음 외에 기를 불러들이는 배가 설정되어 있다는 점이 특징적이다. 상이주에는 한의학의 영향이 종종 확인되기 때문에, 이런 변화가 특별하지는 않다. 본래 수양론에서 심에 머물던 정신은 한의학에서는 오장 전체로 분기되는 경향이 보이기 때문이다.

6 허한 곳으로 사기가 들어온다는 관념은 의학적인 것이다. "무릇 먼 옛날에 성인이 모두에게 가르치시길, 허사적풍을 피함에는 때가 있다. 염담허무하면 진기가 따라와 정신이 안에서 지킬 것이니, 병이 어디에서 오겠는가?[夫上古聖人之敎下也, 皆謂之虛邪賊風, 避之有時, 恬惔虛无, 眞氣從之, 精神內守, 病安從來(『素問·上古天眞論』)]"

7 본래는 살(煞)로 되어 있다. 살(殺)과 같은 자이다. 상이주에서는 모두 煞로 쓰여 있다. 본 역주본에서는 모두 殺로 바꿨다.

8 앞에서 배(소복 즉, 아랫배를 가리킨다.)를 도낭이라고 했고, 이어서 기가 배를 채운다고 했는데, 이곳에서는 도가 오면 기가 찬다고 했다. 종교적인 측면과 과학적 기론이 혼착되어 섞여있다. 기는 단순한 에너지를 넘어서서 도와 같은 종교적 위상을 지니고 있다.

弱其志, 强其骨.

뜻을 약하게 하고 뼈를 강하게 하라.

> 志隨心有善惡,[9] 骨隨腹仰氣. 彊志爲惡,[10] 氣去骨枯.[11] 弱其惡志, 氣歸髓滿.[12]

뜻은 마음을 따라 선악이 있게 되고, 골은 배에서 기를 흡입한다. 뜻을 (흩어버리지 않고) 강하게 하여 악하게 만들면, 기는 떠나고 골은 말라 버린다. 악한 뜻을 약하게 하면 기가

[9] 도덕경 본래의 취지라면 무엇인가를 일관되게 하는 것 자체가 잘 어울리지 않는다. 그러나 선악의 관념이 도입되면, 선의 실천이라는 문제 때문에 일관된 측면을 전혀 부정할 수 없고, '弱其志'를 선악을 나눠서 설명할 수 밖에 없다. 상이주에서는 지가 강해지는 것은 악한 것을 추구하는 것이라고 해석함으로써 이런 문제를 기존의 전통적 이해와 조화시키고 있다. 따라서 상이주의 논리에 따르면 선을 실천하기 위해 뜻을 견고하게 하는 것은 뜻을 강하게 하는 것이 아니다. 지는 정신을 통제하는 즉, 수양의 주체라는 맥락에서 사용되는 경우가 있다. "지의라는 것은 정신을 제어하고 혼백을 거두어들이며 한온을 마침맞게 하고 희노를 조화시키는 것이다.[志意者, 所以御精神, 收魂魄, 適寒溫, 和喜怒者也(『素問·本藏』)]" 그러나 대상으로서의 지도 있다. 이곳에서의 지는 주체가 아니라 대상이다.

[10] '骨隨腹仰氣. 彊志爲惡'을 라오종이는 '骨隨腹仰, 氣彊志爲惡'으로 끊었다. 구바오티엔도 같은 식으로 끊고, 기가 강경하면 심지를 악하게 만든다라고 해석했지만, 앞의 '腹者, 道囊, 氣常欲實'를 보면 배에는 기가 들어가는 곳이고, 골수는 신장에서 채워지는 것이며[腎主身之骨髓(『素問·痿論』)], 같은 문장의 뒤에서도 기와 골수를 연결시키고 있는 것을 볼 때, 기를 흠앙한다로 해석해야 할 것이다. 5장의 '도기가 천지의 사이에 있으나 맑고 미세하여 보이지 않는다. 그러나 피를 머금은 것들은 모두 도기를 흠앙한다.[道氣在間, 清微不見. 含血之類, 莫不欽仰]'는 구절도 이런 해석과 잘 어울린다.

[11] 상이주에는 의학적 지식과 종교적 경향성이 결합되어 있다. 선악과 기거를 연결시킨 것은 윤리적 측면을 종교적으로 해석한 것이다. 그것을 생명과 연결하기 위해, 기를 뼈와 연결 짓고 있다. 기와 뼈 사이에는 흡입된 기 중 정미한 것이 신장에 잠장되고 신장은 다시 골수를 관장한다는 의학적 논리가 암묵적으로 전제되어 있다.

[12] 상이주에서는 기가 마음이 아니라, 배로 들어온다고 전제하고 있다. 그러나 배에 머무는 기도 마음의 상태에 따라 영향을 받게 된다고 설명하고 있다. 결국 마음의 상태가 물리적 기의 흡입보다 중요한 셈이다.

귀의하고 골수가 차게 된다.

常使民無知無欲.
항상 백성들을 앎과 욕정이 없는 상태로 만들어라.

> 道絶不行, 耶文滋起,[13] 貨賂爲生.[14] 民竟貪學之, 身隨危傾, 當禁之. 勿知耶文, 勿貪寶貨, 國則易治. 上之化下, 猶風之靡草. 欲如此, 上要當知信道.

도가 끊겨 행해지지 않으면 삿된 글이 봇물처럼 일어나고 (사람들은) 재화를 생명으로 여긴다. 백성들이 다투어 그것을 익히려고 하다가는 몸이 위태로워지니 응당 금해야 한다. 삿된 글을 알지 못하게 하고, 보화를 탐내지 않게 하면 나라는 다스리기 쉽다. 윗사람이 아랫사람을 교화하는 것은 마치 바람이 불어서 풀을 눕히는 것과 같다. 이와 같고자 하면 윗사람은 응당 알아서 도를 믿어야 한다.

使知者不敢不爲.
앎이 많은 이로 하여금, 감히 (도를 믿음을) 하지 못함이 없도록 한다.

---

13 상이주에는 다른 사상에 대한 비판의식이 두드러진다. 상이주의 성립시기에 여러 사상이 다투고 있었음을 알려주는 자료라고 해석할 수 있다.

14 도덕경에는 본래 '益生' 등 외물을 통한 생명의 보익을 부정적으로 보는 관점이 있어왔다. 통행본의 ⅓에 불과한 곽점초간본에도 외물을 경계하는 통행본 3장의 내용이 실려 있다. 따라서 이런 사유는 도덕경의 성립시기부터 존재했던 것임을 알 수 있다.

上信道不倦, 多知之士, 雖有耶心, 猶誌是非, 見上勤勤, 亦不敢不爲也.[15]

윗사람이 도를 믿음에 게으르지 않으면, 많이 아는 선비가 삿된 마음을 가지고 있다고 해도, (그는) 옳고 그름을 알고 있으므로, 윗사람이 열심히 하는 것을 보면 또한 감히 하지 않음이 없다.

則無不治

(그렇게 하면) 나라를 다스리지 못함이 없을 것이다.

如此國以治也.

이와 같이 하면 나라를 (쉽게) 다스릴 수 있다.

---

15 윗사람이 도를 믿으면 사도를 잘 알고 있는 선비마저도 따라서 믿는다는 것이 요지이다. 그런데 중간에 그 이유에 대한 설명이 삽입되어 있다. 이 삽입문 때문에 문장이 순하지 않다.

4장

> 허정한 마음이 곧 도의 상태임을 말하고 있다. 즉, 허정한 마음은 도와 같이 깊고 깊음을 지적하고 있다.

道沖而用之, 不盈.
도는 중화의 상태에서 행해야 하고, (밖으로 향하는) 지의가 넘치게 해서는 안 된다.

道貴中和, 當中和行之.[16] 志意不可盈溢,[17] 違道誡.[18]

도는 중화를 귀하게 여기니, 중화에 맞춰서 행해야 한다. 지의를 넘치게 하여 도계를 어겨서는 안 된다.

---

16 '中和'는 욕정 때문에 파란이 일어나지 않은 고요한 상태를 가리키는 표현일 뿐이다. 감정의 미발과 적중이라는 중용의 설명과는 거리가 있다.
17 지의가 넘친다고 했는데, 이곳에는 마음을 호수와 같은 물에 비유하는 것이 전제되어 있다. 지의는 허정하고 고요한 마음에 일정한 움직임 즉, 물결이 일어난다는 뜻이다. 지의가 생긴다는 것 자체가 마음호수의 파란을 뜻하기 때문에, 중화에 맞지 않는다.
18 도계는 도의 계율로, 오두미도 교인이 따라야 할 구체적인 내용을 담고 있었다. 현재 도장에 전하는 '道德尊經戒'는 오두미도의 도계와 관련 있을 것이다. 구바오티엔은 지의가 넘치는 것이 도계에 어긋나는 것이라고 해석하고 있다. 가능한 해석이지만, 확신할 수는 없다. 지의가 넘실거리면 도계를 준수할 수 없게 된다라는 뜻으로 해석하거나, 도계를 지의가 가라앉은 청정한 상태에서 받는 도의 가르침이라고 보는 것이 자연스럽다면, 지의가 넘실거리는 것과 도계를 지키지 못하는 일은 구분하는 편이 합리적이다. 지의를 가라앉히는 것은 결국 마음의 충동을 제어한다는 뜻이다. 그런 과정은 일종의 준비과정이다. 도계는 그와 같은 준비과정이후에 도달할 수 있는 가르침이다. 도가 신격화되어 있다는 점을 고려하면 도계는 신의 가르침이라고 번역할 수도 있다.

淵似萬物之宗.

연못은 만물의 근본과 같다.

> 道也. 人行道不違誡, 淵深似道.
>
> 도(를 묘사한 것이)다. 도를 행하여 계를 어기지 않으면, (그 마음은) 연못처럼 깊어져서, 도와 유사하게 된다.

挫其銳, 解其忿.

악을 도모하는 마음을 꺾고, 분노를 푼다.

> 銳者, 心方欲圖惡. 忿者, 怒也. 皆非道所喜. 心欲爲惡, 挫還之, 怒欲發, 寬解之, 勿使五藏忿怒也.[19] 自威以道誡, 自勸以長生, 於此致當. 忿爭激, 急絃聲, 所以者過. 積死遲怒, 傷死以疾, 五藏以傷, 道不能治, 故道誡之, 重教之丁寧. 五藏所以傷者, 皆金木水火土氣不和也. 和則相生, 戰則相克, 隨怒事情, 輒有所發. 發一藏則故克所勝, 成病殺人.[20] 人遇陽者, 發囚刻王,[21]

---

[19] 본래 분노와 같은 감정은 심장의 소관이지, 오장전체의 문제가 아니다. 그러나 진한교체기에 이르면 마음이 오장으로 분기되는 경향이 있다. 오행도식을 받아들이면서 생긴 현상으로 추정된다. 이런 현상은 『회남자』에서 뚜렷이 확인된다. 『회남자』에서 오장은 마음과 같은 것이자, 동시에 마음의 지배를 받는 것으로 묘사되고 있다. 마음의 오장으로의 분기, 즉 감정과 같은 정신적인 요인이 오장으로 분기되는 더욱 구체적인 모습은 『황제내경』에서 볼 수 있다.

[20] 『소문』과 유사하면서도 다르다. 『소문』에서는 병이 이기는 장으로 전변되었다가 이기지 못하는 것에서 죽음에 이른다. "이것은 기의 역행을 말한다. 그러므로 죽는다. 간은 심에서 기운을 받아 비로 전해준다. 기는 신에 거처하고 폐에 이르러 죽는다.[此言氣之逆行也, 故死. 肝受氣於心, 傳之於脾, 氣舍於腎, 至肺而死.]"

[21] 한 대에는 오행가들이 사시의 전변을 왕王이나 수囚 등의 용어로 설명하곤 했는데, 통일되어 있지는 않았고, 경우에 따라 조금씩 다르다. 예를 들어, 『회남자(淮南子)·추형훈(墜形訓)』에서는 장(壯), 노(老), 생(生), 수(囚), 사(死)로 『논

怒而無傷. 雖爾, 去死如髮耳. 如人衰者, 發王刻囚, 禍成矣.

예라는 것은 마음이 막 악을 도모하려고 하는 상태고 분이라는 것은 노여움으로, 어느 것도 도가 좋아하는 것이 아니다. 마음이 악을 행하려 하면 (그 마음을) 꺾어서 돌려놔야 한다. 노여움이 폭발하려 하면 (그 마음을) 풀어서 오장이 분노케 해서는 안 된다. 도계로 자신을 경계하고 장생으로 권면하면 이런 경지의 마땅함에 이른다. 분노가 다투면 마음이 격하고, 급히 뜯는 현소리가 날카로운 것, 그 까닭은 지나치기 때문이다. 조금씩 오랫동안 노하는 것은 죽음을 쌓는 것과 같다. (결국에는) 질병으로 다치게 되고 오장이 상하면 도라고 해도 치료할 수 없다. 그러므로 도가 주의를 주고 거듭 정성스럽게 가르치는 것이다. 오장이 해를 입는 까닭은 모두 금목수화토의 기가 조화롭지 않기 때문이다. 조화로우면 상대를 낳아주고 다투면 상대를 누른다. 노여움을 따라 마음을 일삼으면, 곧 병이 생긴다. 한 장에서 병이 생기면 이기는 장을 극제하여 병이 생겨 사람을 죽이게 된다. 건강한 사람은 노한다고 해도 약한 기운으로 왕성한 기운을 제압하는 꼴이니 노해도 해를 입지 않을 수 있다. (그러나) 비록 그렇다고 해도 죽음

형(論衡)·난세편(難歲篇)』에서는 왕(王), 상(相), 태(胎), 몰(沒), 사(死), 수(囚), 폐(廢), 휴(休)로, 『태평경』에서는 왕(王), 상(相), 휴(休), 수(囚), 폐(廢)로 설명하고 있다. 『논형』에서는 역의 팔괘를 고려했을 것이다. 주지하듯이 『논형』이 저술된 후한 대에는 오행과 주역을 연결하는 작업이 활발하게 일어났다. 『상이주』에서는 이 용어를 빌려서 사용하고 있을 뿐, 그 내용을 그대로 따르고 있지는 않다. 젊은 사람은 건강한 양체이므로 음한 병의 기운이 그 양함을 이겨낼 수 없으므로 큰 해를 입지는 않을 수 있지만 상처가 남아서 결국에는 해를 끼치게 된다는 뜻이다.

과는 머리카락 하나만큼 떨어져 있을 뿐이다. 쇠약해진 사람은 왕성한 노여움의 기운이 약한 기운을 제어하는 꼴이니 병이 생겨나고 만다.

和其光, 同其塵.
광명과 조화롭고 티끌과 같아진다.

> 情性不動, 喜怒不發, 五藏皆和同相生, 與道同光塵也.[22]
> 마음이 움직이지 않고 희노의 감정이 드러나지 않으면, 오장은 모두 조화롭게 되어 상생하니 도와 더불어 함께한다.

湛似常存.
(도는) 깊이 잠겨있는 듯 (보이지 않기는) 하지만, 언제나 있다.

> 如此湛然, 常在不亡.
> (도는) 이처럼 깊이 잠겨있는 듯 하지만, 언제나 존재하며 없어지지 않는다.

吾不知誰子像帝之先.
나는 어떤 이의 자식이 천제보다 앞에 있는 듯한지 알지 못하겠다.

> 吾, 道也. 帝先者, 亦道也. 與無名萬物始同一耳. 未知誰家子

---

[22] 빛 그리고 티끌을 함께한다는 것은 도와의 합일을 형상하는 말이다. 왕필본에서는 속세와 어울려도 자신의 참됨을 상하지 않는다는 뜻으로, 하상공본에서는 지혜가 있어도 숨기고 세속과 함께한다는 뜻으로 해석하고 있다. 도와의 합일을 양생의 목적으로 보고 있는 점은 상이주가 도가의 본류에서 벗어나지 않았음을 알려준다.

能行此道, 能行者便像道也, 似帝先矣.

나는 도이고, 제선도 도이다. (도는) 무명 그리고 만물의 시작과 동일하다. 어느 집안의 자식이 이 도를 행할 수 있는지 알지 못하겠지만, 능히 행할 수 있으면 곧 도를 닮았을 것이고, 제선 즉, (제보다 앞선 존재인) 도와도 흡사할 것이다.

5장

> 천지가 선한 쪽을 편들어 준다고 해석한 후, '다문수궁多聞數窮'은 경쟁하는 이설에 대한 비판이라고 해석하고 있다. 상이주의 현실 종교적 특성이 잘 드러나는 부분이다.

天地不仁, 以萬物爲芻狗.[23]

천지는 어질지 않아, 만물을 꼴풀이나 가축처럼 하찮게 여긴다.

> 天地像道, 仁於諸善, 不仁於諸惡. 故殺萬物惡者不愛也. 視之如芻草如狗畜耳.[24]
>
> 천지는 도를 닮아 뭇 선에는 어질지만, 악에는 어질지 않다. 그러므로 악한 것들을 모두 죽이고 아끼지 않는다. 악한 것을 마치 꼴풀이나 가축처럼 볼 뿐이다.

聖人不仁, 以百姓爲芻狗.

성인은 어질지 않아, 백성을 하찮게 여긴다.

---

[23] 짚으로 만든 개로서, 제사 때는 귀히 여기다가도 제사 후에는 버려지므로, 천한 것을 이를 때 사용되었다. 원자는 芻와 狗 위에 각각 초두머리가 있는 모양[苟]이다. 의미상 芻狗와 다를 것이 없다. 통행본을 따라 위와 같이 교감해둔다. 아래에서도 마찬가지다. 추구의 구자는 '苟'을 교감한 것이다.

[24] 왕필본이나 하상공본에서는 모두 자연에 맡기고 인위적 행위를 하지 않는 것으로 풀고 있다. 상이주에서는 선악의 논리를 적용시키고 있다. 제도 종교화되어 가면서 윤리적 판단의 문제를 고려하지 않을 수 없었을 것이다.

聖人法天地, 仁於善人, 不仁惡人.[25] 當王政殺惡,[26] 亦視之如芻狗也. 是以人當積善功,[27] 其精神與天通.[28] 設欲侵害者, 天卽救之. 庸庸之人, 皆是芻狗之徒耳, 精神不能通天. 所以者, 譬如盜賊懷惡, 不敢見部史也. 精氣自然與天不親, 生死之際, 天不知也. 黃帝仁聖, 知後世意,[29] 故結芻草爲狗, 以置門戶上. 欲言後世門戶皆芻狗之徒耳.[30] 人不解黃帝微意, 空而效之, 而惡心不改, 可謂大患也.

성인은 천지를 본받았으니 선인에게 어질고 악인에게 어질지 않다. 정사에 있어서는 마땅히 악자를 죽여야 한다. (따라서 하늘과 마찬가지로 성인도) 역시 악한 이를 추구처럼 하찮게 본다. 이런 까닭으로 사람은 마땅히 선업을 쌓아야 한다. (그

---

[25] 도덕경 주석서로서 상이주의 가장 큰 특징 중의 하나가 선악의 개념이 선명하다는 점을 들 수 있다.
[26] 상이주에 왕정이라는 표현은 이곳과 19장에 보인다. '今王政强賞之, 民不復歸天.' 19장에서 왕정은 단순한 정치를 의미하는 것으로 추정된다. 이곳에서도 다르지 않을 것이다.
[27] 공은 사(事), 업(業)과 통한다. 따라서 선사 혹은 선업이라고 옮길 수 있다.
[28] 정신은 대개 심리적인 측면을 가리키지만 이곳에서는 아래의 정기와 같다. 정신 곧, 정기는 도로부터 부여받은 것이다. 마치 길고 잔뿌리가 도에서 나와 만물에 하나씩 닿아 있는 모습과 같다. 그런 정기는 생명의 씨앗으로서 몸 안에 들어 있다. 따라서 상이주에서는 몸을 정거(精車)라고 표현한다. 그런데 이런 정은 단순한 생물학적 생명력일 뿐 아니라 가치적인 생명력이기도 하다. 따라서 일정한 가치기준에 위배되는 경우, 이 정기는 생명력을 잃게 되는데, 그것을 이곳에서는 '정신이 하늘과 통하지 못하게 된다.'라고 말하는 것이다.
[29] 구바오티엔 등은 '후대사람들의 (마음이 잘못될 줄을) 알아-'라고 해석하고 있다. 가능한 해석이지만, 지(知)에는 맡아서 담당하다는 뜻이 있으므로 일종의 책임감에서 후세사람들의 마음을 '고민하다.'라고 옮길 수도 있을 것이다.
[30] 무언가 함축적 의미가 있는 듯 한데 정확히 알 수 없다. 문호가 정신이 외물에 끌려 나가는 감관을 지칭하는 것일 수도 있다.

렇게 하면) 그 정신이 하늘과 통한다. 설령 침해하려는 이가 있어도 하늘이 곧 그를 구원해줄 것이다. 평범한 이는 모두 추구의 무리에 불과하니, 정신이 하늘과 통하지 않는다. 그것은 악심을 품고 있는 도적이 관리를 감히 바라보지 못하는 것과 같다. 정기가 본래 하늘과 가깝지 않으니, 생사의 사이에 하늘이 돌봐주지 않는디. 황제는 어진 성군이므로 후대를 돌볼 뜻으로, 꼴풀을 묶어서 개 모양을 만들어 문 위에 두고 후대의 (악한) 사람들은 모두 추구의 무리일 뿐이라고 말하려고 했다. (그러나) 사람들은 황제의 은미한 뜻을 이해하지 못하고 헛되이 그런 행위를 본받기만 했을 뿐 악한 마음을 고치지 않았으니 큰 근심이라고 할 수 있겠다.

"天地之間, 其猶橐籥."
천지사이는 탁약과 같다.

> 道氣在間, 淸微不見. 含血之類, 莫不欽仰,[31] 愚者不信. 故猶橐者治工排橐,[32] 籥者可吹竹, 氣動有聲, 不可見, 故以爲喩, 以解愚心也.

도기는 천지사이에 있지만 청미하여 보이지 않을 뿐이다. 피를 머금고 있는 것들은 모두 도기를 흠앙하는데도, 어리석은

---

[31] 만물이 천지의 기로 산다는 것은 한 대에 일반적으로 받아들여지던 관념이었다. 『素問·寶命全形論』에서는 '사람은 천지의 기로 산다. 人以天地之氣生'고 해서 이런 관념을 간결하게 표현하고 있다.

[32] 치공(治工)의 치(治)는 야(冶)자로 보아야 할 것이다. 고(橐)는 고(槁)와 같다. 고목 즉, 바짝 마른 목탄이라는 뜻이다.

이는 (도기를) 믿지 못한다. 바람을 불어넣어서 쇠를 주조하는 장인이 바람상자로 목탄에 불을 불어넣거나 피리 부는 이가 대나무에 바람을 불어넣으면 기가 움직여 소리가 나지만 볼 수 없는 것과 같기 때문에, 탁약에 비유해서 어리석은 마음을 이해시켰다.

"虛而不屈, 動而瘉出."
텅 비어 있으면서도 움직이면 더욱 더 나온다.

> 淸氣不見, 像如虛也. 然呼吸不屈竭也, 動之瘉益出.[33]
> 청기는 보이지 않으니 텅 빈 듯하다. 그러나 호흡하여도 끝나지 않고, 움직일수록 더욱 많이 나온다.

"多聞數窮,[34] 不如守中."
(경학과 같이 헛된 것을) 익히다가 많은 이들이 (인생을) 마쳤다. 중화를 지키니만 못하다.

> 多知浮華, 不如守道全身. 壽盡輒窮, 數數, 非一也, 不如學生守中和之道.[35]
> 화려하지만 헛된 것을 많이 아느니, 도를 지켜 몸을 온전히

---

33 청기는 천지를 채우고 있는 기이자, 우리 몸 안으로 드나드는 기이기도 하다.
34 왕필본과 하상공본에는 다문이 다언으로 되어 있지만 마왕퇴 갑을본에는 문으로 되어 있다. 그리고 통행본에서는 이 때의 수(數)를 자주라는 뜻(음, 삭)으로 해석한다. 상이주에서는 많다는 뜻으로 보아야 한다.
35 이곳의 중화는 4장 '道貴中和, 當中和行之'의 중화와 같다. 마음이 흔들림 없이 고요한 상태를 말한다. 상이주에서 주장하는 주된 양생의 가치 혹은 방법 중 하나다.

하는 것이 낫다. (그와 같이 부화한 것을 익히다가) 목숨이 다하면 곧 끝나고 만다. 수는 많다는 것 즉, 하나가 아니라는 뜻이다. (그렇게 하느니) 양생을 익히고 중화의 도를 지키는 것이 낫다.

6장

성교를 통해 생명을 키우려는 방중은 성교에 몰두하는 양생법이다. 이곳에서는 이와 같은 방중을 비판하고 있다. 그러나 방중의 1차적 목적은 사정의 절제에 있으므로, 이곳에서 방중일반을 비판한다고 말할 수는 없다. 오히려 이곳의 특성은 절제를 도모하는 방중의 이념을 적극적으로 권장하는데 있다고 볼 수 있다. 결정성신은 환정보뇌의 원형이 되는 표현이다. 방중의 정과 마음의 정을 동일시하는 태도를 엿볼 수 있다. 마음으로서의 심장과 신장은 닮은 부분이 많다. 신장은 심장으로부터 유비적으로 만들어진 심장의 쌍생아다.

"谷神不死, 是謂玄牝."

신이 죽지 않게 하려는 방법을 현빈이라고 한다.

> 谷者, 欲也. 精結爲神,[36] 欲令神不死, 當結精自守. 牝者, 地也. 體性安, 女像之, 故不擊.[37] 男欲結精, 心當像地似女, 勿爲

---

[36] 정기를 생명력이라고 하면, 신은 그런 생명력이 발휘된 상태와 같다. 예컨대 꽃의 화려함이 신(묘함)이라면 그런 화려함의 배후에 있는 생명력이 정기이다. 결정이라는 것은 본래 음과 양의 결합을 통해 정이 만들어진다는 뜻이다. 후에는 적정(積精)의 뜻으로까지 확장되었다. 생명력의 축정을 통해서 생명의 환희를 누릴 수 있을 것이고, 상이주의 시기에는 그런 생명력이 방사를 통해서 몸 밖으로 나간다는 생각이 상식적이었기 때문에, 생명을 잘 지켜야 한다[결(結)]고 말한 것이다.

事先.[38]

곡은 바란다는 뜻이다. 정이 맺혀서 신이 된다. 신이 죽지 않게 하려면 마땅히 정을 쌓아서 스스로 지켜야 한다. 빈이라는 것은 땅이다. 대지는 그 성질이 안정되어 있다. 여자는 땅을 닮아 (수동적이고) 앞에서 끌지 않는다. 남자가 정을 모으려 하면, 마음이 마땅히 땅을 닮고 여자와 같아야 하며, (욕정의) 일에 앞장서서는 안 된다.

"玄牝門,[39] 天地根."

저 컴컴한 골짜기는 생명의 문이자 천지의 뿌리다.

牝, 地也, 女像之. 陰孔爲門, 死生之官也.[40] 最要故名根. 男荼[41]亦名根.

[37] 생물학적으로 결정은 여성의 자궁에서 이뤄지는 것인데, 이런 결정을 남자의 몸에서 이뤄야 하기 때문에, 여성을 닮아야 한다고 말하는 것이다. 결정의 양생론에서 남녀교합의 이미지를 차용한 것이다. 이처럼 정을 중시하는 태도는 고대 중국에 뿌리 깊다.『주역참동계』에서 묘사하는 외단도 천지의 정을 조제한다는 관념의 지배를 받고 있다. 그러한 천지의 정기를 받아들이는 것이 도가 수양론의 일차적 목적이었다. 受精을 통해서 장생불사와 인격완성이 함께 이뤄지는 성선의 경지에 도달할 수 있다고 보았던 셈이다.

[38] 이 구에는 방중과 마음의 안정을 중시여기는 양생론, 그리고 도덕경의 퇴양과 인순을 중시하는 양생론이 결합되어 있지만, 핵심은 방중에 있다. 즉, 욕정의 활동에 있어서 수동적이어야 한다는 뜻이다. 10장의 '天地開闔而爲雌.' 주에서 '남녀의 성기를 말한다. (욕정의 문제에 있어서) 남자는 마땅히 땅을 본받고 여성을 닮아야 한다. 앞 장에서 이미 말했다. 男女陰陽孔也. 男當法地似女, 前章已說矣.'고 하는 것이 근거가 된다.

[39] 현빈에는 여성의 성기와 깊은 골짜기의 이미지가 중첩되어 있다.

[40] 구바오티엔은 사생지관의 사는 의미가 없다고 해서 생명을 담당하는 기관으로 보고 있지만, 교합을 통해 생명을 잃기도 한다는 점에서 삶과 죽음의 기관이라고 해석할 수 있을 것이다.

[41] 남자의 성기를 가리킨다. 본래는 옥으로 된 기물의 이름이었다. 위가 둥글고 아

빈은 땅으로 여성은 땅을 모방한다. 여성의 자궁은 문으로 생사를 담당한다. 아주 요긴하므로 뿌리라고 한다. 남자의 성기도 근이라고 한다.

"緜緜若存."
미미하게 배출하면 길이 존재하리라.

> 陰陽之道, 以若結精爲生. 年以知命,[42] 當名自止.[43] 年少之時, 雖有, 當閑省之.[44] 緜緜者, 微也. 從其微少, 若少年則長存矣. 今此乃爲大害, 道造之何. 道重繼祠, 種類不絶, 欲令合精産生. 故敎之年少微省不絶, 不敎之勤力也. 勤力之計, 出愚人之心耳, 豈可怨道乎.[45] 上德之人, 志操堅彊, 能不戀結産生, 少時便絶, 又善神早成.[46] 言此者, 道精也, 故令天地無祠, 龍無子, 仙人無

래가 네모난 것이 남자의 성기를 닮았다고 해서 남자의 성기를 이르는 말이 되었다.

[42] 『소문·상고천진론』에서는 남녀의 성장과 노쇠의 과정을 신기와 연결시키고 있다. 이 구절에도 그런 맥락이 암묵적으로 전제되어 있을 것이다.

[43] 명(名)은 명(命)의 가차자로 봐야 할 것이다.

[44] 한(閑)은 막다는 의미이고 생(省)은 줄인다는 뜻이다.

[45] 마왕퇴에서는 '합음양'과 '천하지도담' 등과 같은 방중 전문서가 발굴되었다. 그런데 이들 문헌에서는 성교시에 사정을 권장하는 내용은 보이지 않는다. 다만 방중을 통한 신통을 말하고 있는데, 전체적인 맥락상 사정을 하지 않는 방중을 권장한다고 볼 수 있다. 사정을 금하는 방중을 수행하다보면, 남녀교합의 욕정이 그치지 않는 측면이 있다. 이곳에서는 방중자체에 몰두하는 사람들과 그런 방중에 몰두하다가 본래 방중의 취지를 벗어나서 과도하게 사정하는 경향을 모두 비판하고 있다.

[46] 오부치닌지는 선신의 신은 개체생명의 본질적 부분일 것이라고 추정하고 있다. 이 말만 보아서는 선신을 어떻게 보고 있는지 확신할 수 없다. 선신이 있다면, 악신도 있을 것인데, 상이주에서는 신을 이처럼 구분해서 설명하고 있지는 않다. 선을 단순한 부수적 수식어로 간주하는 편이 낮아 보인다. 그렇게 보면, 결

妻, 玉女無夫,[47] 其大信也.

음양(즉, 방중)의 도는 이처럼 정의 보존으로 장생을 추구한다. 나이로 생명을 알 수 있으니, 마땅히 생명(의 줄어듦)을 스스로 제지해야 한다. 나이가 어릴 때는 비록 (정기가) 있어도 마땅히 막아서 줄여야 한다. 면면이라는 것은 미미하다는 뜻이다. 조금씩만 배출하는 원칙을 따르면, 이런 청춘을 길이 보존할 수 있을 것이다. 이제 이 남녀교합의 도가 큰 해로움인데도, 도가 이 일에 관해 말한 까닭은 무엇인가? 도는 제사를 잇는 것과 자손이 끊이지 않는 것을 중시하니, 합정하여 자손을 낳게 만들고자 하기 때문이다. 그러므로 나이가 어릴 때 조금만 배출하고 줄이면서 자손을 끊이지 않게 시킬 뿐, (방중에) 힘쓰도록 만들지는 않는 것이다. (방중에) 힘쓰는 계책은 어리석은 이의 생각에서 나왔을 뿐이니, 어찌 도를 원망할 것인가? 상덕의 사람은 지조가 강하므로, 남녀 간에 결합하여 자손을 낳는 것에 미련을 두지 않고, 어릴 때에 딱 끊어내니, 선신이 일찍 이뤄진다. 이것을 말한 것은 도의 정이다. 그러므로 천지에는 후사가 없게 하였고, 용에는 자식이 없게 하였으며, 선인에게는 처가 없게, 옥녀에게는 지아비가 없게 하였다. 이런 것들이 바로 큰 징표다.

정성신의 신과 다른 의미가 아니라고 해석할 수 있다.

47 옥녀는 신선을 시중드는 시녀다. 『태평경』에서는 '천신은 옥녀를 사람의 짝으로 삼아, 그 사람의 도력을 평가한다.[復數試人以玉女, 使人與其共遊]'는 구절이 있다. 도를 체득한 이는 옥녀를 취하지 않기 때문에 옥녀에게는 지아비가 없게 된다.

"用之不勤."

(방중) 수행에 열심이어서는 안 된다.

> 能用此道, 應得仙壽, 男女之事, 不可不勤也.[48]
>
> 이 방법을 행할 수 있으면 응당 선수를 누릴 수 있으니 남녀의 일에 열심이어서는 안 된다.

---

[48] 라오종이와 구바오티엔은 불가불(不可不)에서 뒤의 불(不)자를 연(衍)자로 보고 있다. 그러나 오부치 닌지(大淵忍爾)가 말하는 것처럼 근(勤)은 우(憂)와 석(惜)의 뜻으로 보는 경우도 있기 때문에 반드시 불(不)자를 연(衍)자로 볼 것은 아니다. 大淵忍爾, 「五斗米道の教法について」, 『東洋學報』 49, 127쪽, 1966.

7장

자신을 위하는 유위의 행위를 하지 않음으로써 참으로 자신을 위하는 삶을 살 수 있음을 말하고, 시해에 관해 설명하고 있다. 왕필본과 하상공본의 취지와 크게 다르지 않다. 다만 왕필본과 하상공본에서는 공사公私의 구도로 해석하고 있음에 반해, 상이주에서는 사私를 시尸자로 바꿈으로써 이런 해석을 약간 수정하고 있다.

"天長地久. 天地所以能長久者, 以其不自生, 故能長久."
천지는 장구하다. 천지가 장구할 수 있는 까닭은 스스로를 위한 삶을 추구하지 않기 때문이다. 그런 까닭으로 장구할 수 있다.

> 能法道, 故能自生而長久也.[49]
> 도를 본받을 수 있기 때문에 다른 것에 의존하지 않고 삶으로써 장구할 수 있다.

"是以聖人後其身而身先."[50]
그러므로 성인은 자신을 뒤로 하는데도, 앞설 수 있게 된다.

---

[49] 주석에서 말하는 자생은 도를 따르는 자연스런 삶의 추구를 말하고 본문에서 말하는 자생은 자신의 생명을 위하는 삶, 예컨대 잘 먹고 화려한 옷을 입는 것 등을 가리킨다.

求長生者, 不勞精思求財以養身,[51] 不以無功刼君取祿以榮身, 不食五味以恣, 衣弊履穿, 不與俗爭, 卽爲後其身也, 而目此得仙壽獲福, 在俗人先, 卽爲身先.

장생을 추구하는 이는 (정신이 피로해질 정도로) 골똘히 생각해서 재산을 추구하는 방식으로 자신을 기르지 않는다. 공이 없는데도 임금을 겁박하여 녹봉을 취해서 자신을 영화롭게 하지 않는다. 마음 내키는 대로 오미의 기름진 음식을 먹지 않는다. 옷이 헤지고 신발이 닳아도 사람들과 다투지 않는 것이 바로 자신을 뒤로 돌린다는 뜻이다. (그러나) 이런 방법으로 신선의 수명을 얻고 복을 획득함이 속인보다 앞서는 것이 바로 (본문에서 말하는) 자신이 앞선다는 뜻이다.

"外其身而身存."

자신을 도외시함으로써 자신을 살릴 수 있다.

與上同義.

위의 뜻과 같다.

---

50 이 구절에는 도덕경 본래의 양생론 즉, 퇴양(退讓)과 인순(因循)을 통해 소박한 삶을 이어나가려는 생각이 잘 드러나 있다. 이 구절에 대한 상이주 주석도 도덕경의 본래이념을 잘 드러내고 있다고 평가할 수 있다.

51 고대 양생론에서 생명이 씨앗인 정을 소모시키는 대표적인 방식으로 언급되는 것이 정사와 사정이다. 그러나 상이주에서는 깊은 생각 자체를 부정하는 것이 아니다. 외적인 가치를 추구하기 위해 골똘히 생각하는 것, 예를 들면 이익을 얻기 위한 사려 등을 금할 뿐이다. 양신(養身)은 자신을 살찌우고 좋은 옷을 입히고 좋은 집에 살게 하는 것 등을 말한다. 상이주에서는 양신 외에도 유신(有身) 혹은 위신(爲身)이 유사한 의미로 사용되고 있다.

"以其無尸, 故能成其尸."

장생의 도를 추구하지 않고 사는 시행이 없기 때문에, 참된 시해를 이룰 수 있다.[52]

> 不知長生之道, 身皆尸行耳.[53] 非道所行, 悉尸行也. 道人所以得仙壽者, 不行尸行, 與俗別異, 故能成其尸,[54] 令爲仙士也.
>
> 장생의 도를 알지 못하면 몸은 시행일뿐이다. 도가 행하는 바가 아니라면 모두 시행이다. 도인이 선수를 누릴 수 있는 까닭은 시행을 행하지 않아, 일반인들과 다르기 때문이다. 그러므로 시해를 이뤄 선사가 될 수 있다.

---

[52] 본래 사(私)였던 것을 의도적으로 시(尸)로 바꿨기 때문에 해석이 순하지 않다. 구바오티엔 등은 사리를 도모하지 않음으로써 사적인 이익을 이룰 수 있다고 해석했는데, 尸로 바꾼 의도를 반영하지 못한 해석이다.

[53] 장생의 도를 추구하지 않는 삶이므로 생명이 없다고 하여 시행이라고 말한 것이다. 라오종이는 이곳의 시행을 시해와 연결해서 설명하고 있다. 시해에는 여러 유형이 있는데, 사후에 지팡이만 두고 사라져 다른 곳에 나타나는 것이 대표적인 예 중 하나다. 상이주에서는 16장에서 사후에 몸을 단련해서 생명을 회복한다고 말하고 있다. 이런 관점은 위험하긴 하지만 가능한 해석이다.

[54] 시해에 관한 언급은 15장, 16장, 33장에 보인다. 15장 '夫唯不盈, 能弊復成.'의 주에서는 '시가 죽은 것을 폐라 하고 시가 살아난 것을 성이라고 한다.[尸死爲弊, 尸生爲成]'는 말이 보인다. 따라서 성기시(成其尸)는 시해(尸解)를 이르는 말임에 틀림없다.

8장

> 유약하고 아래에 머무는 등의 물의 특성으로부터, 도에 따르는 삶의 준칙을 끌어내서 설명하고 있다.

"上善若水. 水善利萬物, 又不爭."
최고의 선은 물과 같다. 물은 선하여 만물을 이롭게 하고 또 다투지 않는다.

> 水善能柔弱,[55] 像道. 去高就下, 避實歸虛, 常潤利萬物, 終不爭, 故欲令人法則之也.
>
> 물은 선하여 유약할 수 있으니, 도를 본받았기 때문이다. (그와 같은 물은) 높은 곳을 떠나 아래로 향하고 그득한 곳을 피해 빈 곳으로 향한다. 늘 만물을 윤택하게 하면서 끝내 다투지 않는다. 그러므로 사람들로 하여금 본받게 할 수 있다.

"處衆人之所惡, 故幾於道."
사람들이 싫어하는 곳에 처하기 때문에 도에 가깝다.

> 水能受垢辱不潔之物, 幾像道也.
>
> 물은 치욕과 더러운 것을 받아들일 수 있으니 도와 흡사하다.

---

[55] 하상공이나 왕필본에서 선은 잘한다는 뜻의 부사이지만, 종교윤리와 양생윤리가 중요한 부분을 차지하는 상이주에서의 선은 선악의 선이다.

"居善地, 心善淵."

머묾에 있어서는 땅에 잘 처하니, 마음은 선하고 깊다.

> 水善得窐空, 便居止爲淵. 淵, 深也.
>
> 물은 선하여 구덩이를 만나면, 곧 그곳에 머물러 연못을 만든다. 연은 깊다는 뜻이다.

"與善仁."

선하고 어진 자와 함께해야 한다.

> 人當法水, 心常樂善仁.
>
> 사람은 마땅히 물을 본받아, 마음으로 항상 선하고 어진 사람을 좋아해야 한다.

"言善信."

말은 선하고 믿음이 있어야 한다.

> 人當常相教爲善有誠信.
>
> 사람은 마땅히 늘 서로 선을 행하도록 가르쳐야 하고, 또한 믿음이 있게 해야 한다.

"政善治."

정치는 선하게 다스려야 한다.

> 人君理國, 常當法道爲政, 則致治.
>
> 임금이 나라를 다스림에는 늘 도를 본받아 정치를 하여야 한다. (그렇게 하면) 지극한 다스림을 이룰 것이다.

"事善能."

선하고 능력이 있는 이를 섬겨야 한다.

> 人等當欲事師, 當求善能知眞道者, 不當事耶僞伎巧耶知驕奢也.
> 사람들이 스승을 섬김에는 마땅히 선하고 능력이 있으면서 참된 도를 아는 이를 찾아(서 섬겨)야 하며 사특하고 거짓되며 사도를 알아 교만하고 사치스러운 이를 섬겨서는 안 된다.

"動善時."

움직임에는 선하고 때에 맞아야 한다.

> 人欲擧動, 勿違道誡, 不可得傷王氣.[56]
> 사람이 거동함에는 도계를 어겨서는 안 되며, 왕기를 해쳐서도 안 된다.

"夫唯不爭, 故無尤."

오직 다투지 않기 때문에 허물이 없다.

> 唯, 獨也. 尤, 大也. 人獨能放水不爭,[57] 終不遇大害.
> 유는 독이다. 우는 크다는 뜻(즉, 큰 해로움)이다. 물을 본받아 다투지 않는 사람만이 끝내 큰 해로움을 입지 않을 수 있다.

---

[56] 4장 주석에 보이는 발수각왕(發囚刻王)과 같은 맥락이다. 즉, 양생에 있어서는 때에 맞춰야 한다는 뜻이다. 이것은 양생론의 일반적 원칙이다. 본래 『장자』 등에 보이는 감응을 통한 세상과의 소통이 생활의 준칙으로 재해석되면서, 사시에 맞게 생활해야 한다는 뜻으로 변모되었다.

[57] 방(放)은 방(倣)과 같은 뜻이다.

9장

> 방중을 비판하면서도, 정의 보존을 양생의 이념으로 받아들이고 있다. 정의 보존을 말하면서 자연스럽게 퇴양의 도리를 설파하고 있다.

"持而滿之, 不若其已, 揣而悅之,[58] 不可長寶."[59]

꽉 찬 상태로 유지하는 것은 그만두느니만 못하다. 쇠를 불려 날카롭게 만들면 오랫동안 (귀하게) 보존할 수 없다.

  道教人結精成神,[60] 今世間偽伎詐稱道, 託黃帝, 玄女, 龔子, 容成之文,[61] 相教從女不施, 思還精補腦,[62] 心神不一,[63] 失其所

---

58 열(悅)은 예(銳)로 보아야 할 것이다. 왕필본과 하상공본에서 모두 어떤 것을 다듬어서 예리하게 만드는 것으로 풀고 있다. 이곳에서도 그렇게 해석해서 문제될 것이 없다. 구바오티엔 등은 지혜와 기능을 다듬는 것이라고 해석했는데, 근거가 무엇인지 알 수 없다.

59 곽점본에는 첫 구가 단이군지(湍而羣之)로 되어 있는데, 백서본에서부터 이처럼 바뀌어 있다. 이석명은 백서본에서 잘못 옮긴 것으로 추정하고 있다.(이석명,『백서노자』, 청계출판사, 2003, 440쪽) 흥미롭게도 곽점본처럼 되어 있다고 가정하고 해석하면 '여울처럼 급히 쏟아지는 물은 오랫동안 보존할 수 없다.'고 옮길 수 있으므로, 오히려『상이주』의 본뜻과 잘 어울린다.

60 도교라는 표현은 상이주에 가장 먼저 보인다. 이 곳의 교는 동사다. 그러므로 '도교'라는 표현이 최초로 나오는 문헌이 상이주라는 견해의 충분한 근거가 되지 못할 수 있다. 그러나 17장에는 '世間常偽伎稱道教'라고 해서 도교의 존재가 선명하다.

61 황제와 현녀는『소녀경』에 등장하므로 방중관련 인물임을 알 수 있다.『한서』「예문지」의 방중가(房中家)에는『용성음도(容成陰道)』가 있으므로 이도 방중관련 인물이다.『후한서』「방술전」에도 수광이라는 이가 용성어부인술을 행했

守, 爲揣悅, 不可長寶. 若, 如也, 不如直自然如也.

도는 사람들에게 결정성신(의 방식)을 가르쳐준다. 현재 세상 사람들은 거짓으로 도를 칭하고 황제, 현녀, 공자, 용성의 글에 의탁해서 여성에게 사정하지 않는 법을 가르치면서 환정보뇌할 것을 생각한다. 그러나 심신이 전일하지 못하고 그 지켜야 할 바를 잃으니, 날카롭게 다듬는 것과 같은 모양이라, 오랫동안 귀하게 보존할 수 없다. 약은 여와 같다. 다만 자연스럽게 하는 것만 못하다는 뜻이다.

"金玉滿堂, 莫之能守."
금옥이 집안에 그득하면 누구도 능히 지켜낼 수가 없다.

人之精氣滿藏中,[64] 苦無愛守之者. 不肯自然閉心, 而揣挽[65]之,

다는 기록이 보인다. "수광은 나이가 거의 150-160세쯤 되었는데, 용성공의 방중술을 행한 덕분이다.[壽光年可百五六十歲, 行容成公禦婦人法]" 『포박자·하람』편에도 『용성경(容成經)』에 관한 언급이 있는데 이 서적이 방중관련 서적인가는 알 수 없다. 마왕퇴 발굴문헌인 십문에는 용성이 양생의 일반원칙을 설명하는 인물로 등장하기 때문에, 용성은 방중과 여타 양생술을 체득한 인물로 이해되고 있었음을 알 수 있다.

62 갈홍은 방중은 환정보뇌라고 정의하고 있다. "방중의 법을 행하는 십여가 중에 혹은 손상당한 곳을 치료한다고 하고, 혹은 병을 치료한다고 하며 혹은 음을 채취해서 양을 보익한다고 하고 혹은 방중으로 수명을 늘린다고 말한다. 그 요체는 환정보뇌에 하나에 있을 뿐이다.[房中之法十余家, 或以補救傷損, 或以攻治衆病, 或以采陰益陽, 或以增年延壽. 其大要在於還精補腦之一事耳]" 환정보뇌는 정액으로 화한 정기를 사정하지 않고 척추를 따라 위로 돌려서 뇌, 정확히 말하자면 니환궁으로 주입시키는 것이다.

63 사정하려는 자연스러운 마음과 그것을 억제하려는 마음으로 나뉘어 있는 상태를, 마음과 마음안의 마음인 신이 일치하지 않는다고 말한 것이다.

64 정을 보관한다는 뜻에서 한의학에서는 오장에 장(臟)자가 아닌 장(藏)자를 사용한다. 이곳에서도 그런 관념을 따르고 있다. 정확히 말하자면 이곳의 장은 신장이다. 『내경』에서도 정은 오장에 분기되어 있다가 신장에 모여든다고 하는

卽大迷矣.

사람은 정기가 장속에 그득하다. 그러나 슬프게도 누구도 그것을 아껴 지킬 줄 모른다. 자연스럽게 (욕정이 일어나는) 마음을 닫아걸려 하지 않고, 쇠를 불려서 날카롭게 두들기듯이 하면, 크게 미혹될 것이다.

"富貴而驕, 自遺咎."

부귀하고 교만하면 스스로에게 허물을 남기게 된다.

> 精結成神, 陽炁有余, 務當自愛, 閉心絶念, 不可驕欺陰也. 驕欺, 咎卽成. 又外說, 秉權富貴而驕世, 卽有咎也.

정이 맺혀서 신을 이룸으로써 양기가 넉넉해지더라도, 스스로 아끼는데 힘써야 한다. 마음을 막고 잡념을 끊어야 하며 은밀하게 교만하거나 남을 속여서는 안 된다. 교만하고 남을 속이면 허물이 곧 이뤄진다. 또 외적인 일을 가지고 말하자면 권세와 부귀를 쥐었다고 해서 세상 사람들에게 교만하면 곧 허물이 된다.

"名成功遂身退, 天之道."

이름이 나고 공적이 쌓이면 자신은 물러나는 것이 하늘의 도이다.

> 名與功, 身之仇. 功名就, 身卽滅, 故道誡之. 範蠡[66]乘舟去, 道

데, 그 정확한 과정은 설명하지 않고 있다.

65 예(銳)와 같은 자로 봐야 할 것이다.

意謙. 信不隱身形剝,⁶⁷ 是其效也.⁶⁸

명성과 공적은 자신의 적이다. 공적과 명성이 이뤄지면 자신은 곧 소멸한다. 그러므로 도가 이를 경계한 것이다. 범려는 배를 타고 떠났는데 도의는 겸손하기 때문이다. 공을 믿고 몸을 숨기지 않아 재앙을 입는 것이 그 증좌다.

---

66 춘추시대의 초나라 사람으로 그 유명한 와신상담의 주인공인 구천을 보좌해서 오나라를 정복했다. 오를 정복한 후에는 홀연히 월왕 구천을 떠났다. 퇴양과 인순이라는 도덕경의 이념에 적합한 삶을 살았던 인물이다.
67 형박은 몸을 벗겨진다는 뜻으로 목숨을 잃는 것을 말한다.
68 범려와 함께 구천을 보좌했던 인물로 문종(文鍾)이라는 이는 범려와 달리 구천의 곁을 떠나지 않고 있다가 모함을 당해 목숨을 잃었다. 이것을 말하는 것으로 보인다.

10장

> 상이주의 주된 신체관과 선악관 및 성교에 대한 태도를 모두 서술하고 있다. 정을 싣고 있는 그릇이 상이주의 기본적 신체관이다. 이런 신체관이 존상의 기법을 주장하는 상청파의 논지와 혼동스러울 것을 생각해서 존상의 기법을 비난하고 있다. 아이처럼 부드럽게 해야 한다는 것, 마음을 깨끗이 해야한다는 것, 퇴양해야 한다는 것, 성교를 절제해야 한다는 것은 상이주의 여러 곳에서 반복적으로 보이는 것이다.

"載營魄, 抱一能無離."

흰 색의 정을 싣고 영양하기 위해서는 도를 끌어안고 떨어지지 않아야 한다.

    魄, 白也,[69] 故精白與元同色.[70] 身爲精車,[71] 精落故當載營之.[72]

---

[69] 위이응스에 따르면 본래 백(魄)의 뜻이 달빛에서 연유한 백색이었다고 한다. Yu, Yingshih, "O Soul, Come Back," Havard Journal of Asiatic Studies 47:2, 1987, 370.

[70] 30장 '知其白, 守其黑, 爲天下式'의 주는 다음과 같다. "정은 흰색으로 원기와 같은 색이다. 흑은 태음 속을 말한다. 사람에게서는 신장으로, 신장에 정을 보관한다. 편안히 하여 사용하지 않음으로써 흑을 지키는 것, 이것이 천하가 항상 본받아야 할 바이다." 정이 흰색이라는 생각은 오래된 것이다. 마왕퇴 문헌인 『十問』에도 고백(固白)이라는 표현이 두 번 보이고, 『장자』에는 허실생백(虛室生白)이라는 표현이 있으며, 『관자』에는 백심(白心)이라는 편명이 있다. 따라서 이곳의 정도 신장에 잠장되어 있는 일종의 선천정이라고 할 수 있다.

神成氣來, 載營人身.⁷³ 欲全此功, 無離一. 一者, 道也. 今在人身何許? 守之云何? 一不在人身也, 諸附身者. 悉世間常僞伎, 非眞道也.⁷⁴ 一在天地外,⁷⁵ 入在天地間, 但往來人身中耳. 都皮

71 도가의 신체관은 크게 체계적인 기의 운행로, 신의 거주지, 도의 그릇으로 나눌 수 있다. 이 셋은 명확하게 구분되지 않고 때로는 중복되기도 하지만 전통에 따라 나누는 것이 가능하다. 예컨대 의학계열에서는 기의 운행로, 상청파계열에서는 신의 거주지가 잘 어울린다. 정거는 도의 그릇이라는 신체관과 부합한다. 5장에서는 '기정신여천통(其精神與天通)'이라고 해서 정신과 천이 서로 통한다고 말했다. 이 구절이 정은 도에 다름 아니다.

72 21장 '窈冥中有精.'의 주에서는 '도는 정을 만물에 나눠 준다. 따라서 만물의 정은 그 뿌리가 같다. 정은 아주 참된 것으로, 생사를 담당한다. 그 참된 정을 마땅히 보배로 여겨야 한다.[有道精分之與萬物, 萬物精共一本, 其精甚眞, 生死之官也, 精其眞, 當寶之也]'라고 말한다. 고대 중국인들은 하늘로부터 받은 생명과 땅에서 받은 생명을 나눠서 생각하는 경향이 있었다. 늦어도 기원전 2세기경에는 이런 관념이 혼백의 개념으로 확립되었다. 따라서 정락은 정이 도에서 나뉘어 만물로 들어가는 모양을 말한다.『예기』「교특생」에는 '혼기는 하늘로 돌아가고 형백은 땅으로 돌아간다.[魂氣歸于天, 形魄歸于地]'는 말이 있다.

73 몸 안의 선천적인 정기를 잘 보존하면 신을 이루게 되고, 그러면 기가 온다는 뜻이다. 이때의 기는 본래 주어진 정기와는 달리 결정성신의 과정을 거쳐서 오는 기로서 마치 무당이 일정한 과정을 거친 엑스터시의 상태에서 신내림을 받는 과정과 유사하다.

74 『태평경』과『황정경』으로 대표되는 내관존사의 기법을 비판한 내용이다. 내관존사에는 여러 가지 유형이 있다. 갈홍은『포박자』「지진」편에서 다음과 같이 말했다. "스승께 듣건대, 도술을 다루고 있는 여러 경 중, 존사하여 악을 물리치고 몸을 보호할 수 있는 것에 수천 가지가 있다고 한다. 예를 들면, 含影·藏形과 守形無生·九變·十二化·二十四生 등 몸속의 여러 신을 사념하고 내시하여 드러나게 만드는 법은 이루다 셀 수 없을 정도인데 모두 효과가 있다.[或用明鏡九寸以上自照, 有所思存, 七日七夕, 則見神仙, 或男或女, 或老或少, 一示之後, 心中自知千里之外, 方來之事也(『抱朴子·雜應』)]" 상이주에서는 보통 체내신을 말하는 수일의 일을 부정하고 태상노군으로 형화하는 도를 일로 설정하고 있다.

75 본래 유기체적 세계관에서는 창조가 잘 어울리지 않는다. 창조라는 단어와 우주가 잘 어울리지 않기 때문에, 도는 천지 안에 있지 밖에 있지 않다. 이곳에서는 특이하게도 도가 천지밖에 위치하고 있다고 말한다. 순수한 중국적 사고가 아니다. 중국의 유기체적 세계관과 우주론에 관한 개관은 다음 책의 해당부분을 참조할 수 있다. Jane Geaney, *On the Epistemology of the Senses in Early Chinese Thought*(University of Hawaii press, 2002), pp.8-12.

裏悉是, 非獨一處.⁷⁶ 一散形爲氣, 聚形爲太上老君, 常治崑崙. 或言虛無, 或言自然, 或言無名, 皆同一耳. 今佈道誡, 教人守誡不違, 卽爲守一矣.⁷⁷ 不行其誡, 卽爲失一也. 世間常僞伎, 指五藏以名一.⁷⁸ 瞑目思想, 欲從求福, 非也, 去生遂遠矣.

백은 희다는 뜻이다. 그러므로 (백, 즉) 정기는 흰색으로 원기와 색이 같다. 몸은 정을 싣고 있는 수레다. 그러므로 (도에서) 정이 나뉘어져서 몸 안으로 들어오면 실어서 돌봐야 한다. (그리하여) 신이 이뤄지면 기가 와서 몸을 싣고 돌봐준다. 이 일을 온전히 이루려면 '一'⁷⁹에서 떨어져서는 안 된다. '一'이라는 것은 도다. (그것은) 몸의 어디쯤에 있고, 그것을 지키기 위해서는 어떻게 해야 하는가? '一'은 몸에 있지 않다. 몸에 붙어 있다고 하는 것은 모두 세간에서 늘 말하는 거짓으로 참된 도가 아니다. '一'은 천지밖에 있다가 천지사이로 들어와서, 몸속을 왕래할 뿐이다. 피부속이 모두 '一'로서, (거처하는 곳이) 한 곳 만이 아니다. '一'은 형태를 흩으면 기가 되고, 형태를 모으면 태상노군이 되어 늘 곤륜을 다스린다. 혹은 허무라 하고 혹은 자연이라 하며 혹은 무명이라고

---

76 『내경』을 기준으로 삼는다면, 피부 속을 다니는 것은 위기에 해당한다. 「사객(邪客)」편의 관련 내용을 인용한다. "위기는 그 수곡의 기중에서 빠르고 사나운 기에서 나와 먼저 사지의 분육피부 사이를 다니며 멈추지 않는다.[衛氣者, 出其悍氣之慄疾, 而先行於四末分肉皮膚之間, 而不休者也.]"

77 상이주의 수일은 『포박자』나 『태평경』 등에 보이는 일반적 수일이 아니라, 모종의 도덕규범인 도계를 지키는 것을 말한다.

78 오장신을 존상하는 일종의 수일이다.

79 '一'은 도의 이칭이다. 하나라고 해석하면 의미를 제대로 전달할 수 없다.

하지만 모두 같다. 이제 도계를 펴고 사람들에게 계를 지키게 하니, 사람들이 계를 지키는 것을 수일이라고 한다. 계를 행하지 않으면 '一'을 잃게 된다. 세상에서는 늘 거짓으로 오장을 가리켜 '一'이라 하고 눈을 감고 사념에 잠겨, 복을 얻고자 하지만 잘못되었다. 생명에서 멀리 떨어져 있을 뿐이다.

"專氣致柔, 能嬰兒."
기를 단련하고 지극히 부드럽게 하면 아이처럼 될 수 있다.

> 嬰兒無爲, 故合道. 但不知自製, 知稍生, 故致老. 謂欲爲柔致氣, 法兒小時.

영아는 무위하기 때문에 도와 합치된다. 그러나 자제할 줄을 모르고 (사특한) 지혜가 조금씩 생겨나기 때문에 늙게 된다. (그러므로) 기를 단련하고 부드럽게 되려면 아이일 때를 본받아야 한다고 말하는 것이다.

"滌除玄覽, 能無疵."[80]
마음을 깨끗이 닦아내어 깊고 넓게 비출 수 있게 하면 허물이 없을 수 있다.

> 人身像天地. 覽, 廣也. 疵, 惡也, 非道所熹. 當滌除一身, 行必令無惡也.

---

[80] 마음을 거울이나 호수에 비유하는 것은 오래된 전통이다. 그런데 상이주 이전에는 마음의 파란은 감정과 욕정일반을 가리켰고, 악만을 의미하지 않았다. 상이주에서는 기존의 마음에 대한 설명을 선악의 구도에 맞춰서 재편하고 있다.

사람의 몸은 천지를 닮았다. 람은 넓다는 뜻이다. 자는 악으로 도가 좋아하는 것이 아니다. 마땅히 몸을 깨끗이 하여 행함에 반드시 악이 없도록 해야 한다.

"愛民治國而無知."[81]

백성을 아끼고 나라를 다스림에, 백성들을 (거짓된 도와 사특한 앎에 대해) 무지하게 만들어야 한다.

人君欲愛民令壽考, 治國令太平,[82] 當精心鑿道意, 敎民皆令知道眞,[83] 無令知僞道耶知也.

임금이 백성을 아껴 장수하게 만들고 나라를 다스려 태평하게 만들고자 하면, 마땅히 정심으로 도의를 꿰뚫어서 백성들 모두가 도의 참된 내용을 알게 만들어야 하고, 거짓된 도와 사특한 앎을 알게 해서는 안 된다.

"明白四達而無爲."

사방에 두루 밝아서 악을 행하지 않는다.

上士心通, 自多所知. 知惡而棄, 知善能行, 勿敢爲惡事也.

상사는 마음으로 통하니 본래 아는 바가 많다. 악을 알아서

---

[81] 백서본에는 '능무이지호(能毋以知乎),' 하상공본에는 '능무위(能無爲),' 왕필본에는 '능무지호(能無知乎)'로 되어 있다. 이(而)자로 바꾸면 뜻이 더 순하다.
[82] 상이주에서는 이상적인 통치가 행해지는 평화로운 나라를 태평으로 표현한다. 19장, 28장, 30장, 35장에 나온다. 이것이 『태평경』의 영향인지, 혹은 보다 넓게 후한시대의 사람들이 공유했던 이상향의 반영인지는 확신할 수 없다.
[83] 도진(道眞)은 상이주에서 주장하는 도의 모습으로 도에 관한 다른 이설에 대한 표현이다.

버리고, 선을 알아서 행할 수 있으니 감히 악한 일을 하지 않는다.

"天地開闔而爲雌."
남녀의 성교에 있어서는 암컷처럼 수동적으로 되어야 한다.

男女陰陽孔也. 男當法地似女, 前章[84]已說矣.
남녀의 성기를 말한다. 남자는 마땅히 땅을 본받고, 여자를 닮아야 한다. 앞 장에서 이미 말했다.

"生之畜之, 生而不有, 爲而不恃,[85] 長而不宰, 是謂玄德."
낳아 길러주되, 낳았다고 하여 소유하지 않으며, 위해주면서도 보답을 바라지 않고, 길러주되 관장하지 않는 것을 현덕이라고 한다.

玄, 天也. 常法道行如此, 欲令人法也.
현은 하늘이다. 항상 도를 본받아서 이처럼 행하고 사람들도 본받게 만들어야 한다.

---

84 6장을 말한다.
85 백서본에는 이 구절이 보이지 않는다. 하상공본에서는 이 구절에 '도는 베풀되 그 보답을 바라지 않는다.[道所爲施, 不恃望其報也]'라고 주하고 있다. 이곳에서는 하상공본의 주석을 따랐다.

11장

> 무로부터 유용성이 생긴다는 취지로 해석하고 있다. 더불어 중요한 기물을 도가 창조했고, 그런 기물들은 무에 근거해서 유용성을 지니게 된다는 것을 피력하고, 이 장을 근거로 삼는 다양한 양생술을 비판하고 있다.

"卅輻共一轂. 當其無, 有車之用."
서른 개의 바퀴살이 하나의 바퀴통으로 모여든다. 비어있는 바퀴통에서 수레의 유용성이 나온다.

  古未有車時, 退然. 道遣[86]奚仲作之.[87] 愚者得車, 貪利而已, 不念行道, 不覺道神.[88] 賢者見之, 乃知道恩, 黙而自厲, 重守道眞也.

  옛날 수레가 없었을 때 세상이 고요했다. (이 때) 도가 해중을 보내 수레를 만들게 했다. 어리석은 이는 수레를 얻자 이

---

[86] 본래 중국의 전통사유방식에 따르자면 기물의 제작은 성인의 몫이다. 그러나 상이주에서는 신격화된 도가 성인을 시켜서 기물을 만들게 했다는 것으로 말해지고 있다.
[87] 수레를 만들었다고 전해지는 전설상의 인물이다. 별자리의 이름이기도 하다. 도교의 별 신앙과 무관하지 않을 것이다.
[88] 33장의 주에서는 '도인이 선한행위를 하면 도신이 귀의한다. 道人行備, 道神歸之'는 말이 보인다. 따라서 도신은 결정성신과 같이 도를 행한 결과로 얻어지는 불멸의 생명력이다.

익을 탐할 뿐, 도를 행할 생각을 하지 못했으며 도신을 깨닫지 못했다. (이에 반해) 현자는 그것을 보고 도의 은혜를 알아 묵묵히 스스로 힘쓰면서 무겁게 도진을 지켰다.

"埏殖爲器. 當其無, 有器之用."
진흙을 이겨서 그릇을 만든다. 그 빔 덕분에 그릇의 쓰임새가 있다.

>亦與車同說.

>수레와 같은 말이다.

"鑿戶牖以爲室. 當其無, 有室之用."
문과 창을 뚫어 방을 만든다. 비었기 때문에, 방의 쓰임이 있다.

>道使黃帝爲之, 亦與車同說.

>도는 황제를 시켜서 집을 만들게 하였다. 수레의 설과 같다.

"有之以爲利, 無之以爲用."
있음으로 해서 이롭게 되고, 없음으로 해서 쓰임이 있게 된다.

>此三物本難作, 非道不成. 俗人得之, 但貪其利, 不知其元. 賢者見之, 還守其用, 用道爲本, 賢愚之心, 如南與北, 萬不同. 此三之義指如是耳. 今世間僞伎, 因緣眞文,[89] 設詐巧言. 道有天穀, 人身有穀, 專炁爲柔, 輻指形爲錧鐺,[90] 又培胎練形, 當如土

---

[89] 맥락상 이곳의 진문은 도덕경을 말하는 것으로 보인다.
[90] 관할은 쐐기 못을 말한다. 이 구절 아래로는 앞의 세 구를 다르게 해석하고 있는 사례를 비판하는 내용이 나온다. 따라서 이 부분은 '輻共一轂, 當其無, 有車之用'에 대한 해석의 하나로 일종의 양생술일 것이다. 그러나 정확한 의미를 알

爲瓦時.[91] 又言道有戶牖在人身中,[92] 皆耶僞不可用, 用之者大
迷矣.

이 셋 즉, 수레, 그릇, 집은 본래 만들기 어려운 것이다. 도가 아니면 만들 수 없다. 속된 사람이 그것을 얻으면, 다만 이익을 탐할 뿐 근원을 알지 못한다. 현자는 그것을 보고 도리어 그 쓰임을 지키며 도로써 근본을 삼으니 현자와 어리석은 이의 마음이 전혀 다르다. 이 셋이 가리키는 바가 이와 같을 뿐이다. 현재 세속의 거짓된 것들은 참된 글에 근거하여 사특하고 교만한 말을 늘어놓는다. 1) 도에는 하늘의 바퀴통이 있으며 사람의 몸에도 바퀴통이 있으니, 기를 조절해서 부드럽게 만들면서, 바퀴살의 형태를 가리켜 관할이라고 하는 것, 2) 또 태를 북돋고 몸을 단련하기를 마치 흙으로 기와를 구울 때와 같다고 하는 것, 3) 또 도는 사람의 몸에 드나드는 문이 있다고 하는 것은 모두 사특한 거짓으로 행해서는 안 된다. 그런 것을 행하면 크게 미혹하게 될 것이다.

수는 없다. 라오종이는 이 부분에 다음과 같은 설명을 더해두었다. "동사정의 말에 비춰 보건대, 30개의 바퀴살은 하나의 바퀴통에 모여든다. 오장각각에 육기의 형상이 있음을 취한 것이다." 饒宗頤,『老子想爾注校證』, 上海古籍出版社, 1991, 14쪽. 그렇다면, 이것도 체내신을 존상하는 기법 중 하나라고 보여진다.

[91] 태식법을 연상시킨다. 몸 안에 태를 만드는 것을 핵심으로 하는 양생술일 것이다.
[92] 신체 밖의 신을 몸 안으로 불러들이는 존상법의 일종으로 보인다.

12장

상이주의 기본적 관점은 몸은 정 즉, 도정을 싣고 있는 것이자, 도기를 담고 있는 그릇이라는 것이다. 그리고 눈과 같은 감관은 정신이 드나드는 통로의 역할을 한다. 이 장에서는 도기가 들어 있는 배를 위하고 감관을 따라서는 안 된다는 말을 하고 있다.

"五色令人目盲."

오색은 눈을 멀게 만든다.

> 目光散故盲.
>
> 눈빛이 흩어지므로 장님이 된다.

"五音令人耳聾."

오음은 사람들의 귀를 멀게 한다.

> 非雅音[93]也. 鄭衛之聲,[94] 抗諍[95]傷人. 聽過神去, 故聾.[96]

---

[93] 제사나 잔치에서 사용되던 음악인 아악을 말한다.
[94] 『논어』에서는 정성이 음하다 하고, 『예기·악기』에서는 '정나라와 위나라의 음악은 난세의 음악이다.[鄭衛之音, 亂世之音也]'라고 말하고 있다.
[95] 『관자』에서는 음악이 감정을 다스린다고 말하고 있는데, 그런 힘은 음악의 조화 때문이다. 이곳의 항쟁은 부조화를 묘사하는 표현이다.
[96] 3장 '不見可欲, 使心不亂'의 주에 보이는 '心亂遂之, 道去之矣'를 함께 고려하면, 조화롭지 못한 음악을 들어 마음이 어지러워지기 때문에 도가 떠난다는 뜻임을 알 수 있다.

(오음은) 아음이 아니다. 정나라와 위나라의 음악은 서로 다투어서 사람에게 해를 입힌다. (음란한 음악과 같이) 지나친 것을 들으면 신이 떠나기 때문에 귀가 먼다.

"五味令人口爽."
기름진 음식은 입을 썩게 만든다.

  道不食之. 口爽者, 糜爛生瘡.
  도는 음식을 먹지 않는다. 구상이라는 것은 입이 헐어서 부스럼이 생기는 것이다.

"馳騁田獵, 令人心發狂."
말을 달려서 사냥하는 것은 사람의 마음을 미치게 만든다.

  心不念正, 但念殺無罪之獸. 當得(不得)⁹⁷故狂.
  마음으로 바른 것을 생각하지 않고 다만 죄 없는 짐승을 죽일 생각만 한다. 마땅히 얻어야 하는 것(즉, 마음의 안정)을 얻지 못했으므로 실성하게 된다.

"難得之貨, 令人行妨."
귀한 재화는 훼방을 놓는다.

  道所不欲也, 行道致生不致貨. 貨有爲,⁹⁸ 乃致貨妨道矣.

---

97 라오종이의 『노자상이주교증(老子想爾注校證)』 원문사진에는 이곳의 부득이 보이지 않는다. 다만 옆에 무엇인가 적혀있는 듯한데, 어떤 자인지 알 수 없다. 라오종이는 이것을 부득이 빠진 것을 후에 첨입한다는 뜻으로 판단한 듯하다. 라오종이의 교감을 따른다.

(재화는) 도가 바라지 않는 것이다. 도를 행하면 장생에 이르지만 재화를 얻지는 못한다. 재화는 (자연의 무위가 아닌) 유위이므로 재화를 좇으면 도에 방해가 된다.

"是以聖人爲腹不爲目, 故去彼取此."
이런 까닭으로 성인은 배를 위하지 눈을 위하지 않는다. 그러므로 저 악행을 버리고 이 도계를 따른다.

> 腹與目, 前章以說矣.[99] 去彼惡行, 取此道誡也.
> 배와 눈은 앞 장에서 이미 말했다. 저 악행을 버리고 이 도계를 따라야 한다는 뜻이다.

---

[98] 유위는 욕망에 따르는 행위다. 무위는 그런 욕망 등을 비운상태에서 행하는 행위다. 당연히 재화는 욕망으로 인해 얻어지는 유위의 것이다.

[99] 3장의 '聖人治, 靈其心, 實其腹'에 대한 주석을 말한다. 상이주에서 복은 도기가 머무는 곳이다. 그리고 눈과 같은 감관은 정신이 드나드는, 주로 나가는 곳이다. 따라서 눈과 같은 감관을 좇으면 정신이 소실되고 만다.

13장

> 왕필본에서는 세상의 무한한 변화를 근거로 영화로움이 곧 욕됨으로 바뀔 수 있음을 지적하고 있다. 상이주에서는 자신을 위하는 유신이 잘못되었음을 설명하고 있다. 유신은 자신의 욕망을 따르는 것이고, 감관을 통해 정신을 밖으로 유로시키는 것이자, 도를 어기는 일이다.

"寵辱若驚, 貴[100]大患若身."

총애와 모욕에 똑같이 놀란다. (도를 어겨 총애를 얻고자 하면) 큰 근심이 그에게 닥칠 것이다.

> 道不熹彊求尊貴, 有寵輒有辱. 若, 如也. 得之當如驚不熹也. 若者, 謂彼人也. 必違道求榮, 患歸若身矣.

도는 힘써 존귀하게 되려는 것을 좋아하지 않는다. 총애가 있으면 욕됨이 있다. (앞의) 약은 '여'와 같다. 총애를 얻으면 마땅히 (욕을 당했을 때와) 마찬가지로 놀라고 좋아하지 말아야 한다. (뒤의) 약은 '그 사람'이다. 도에 어긋나게 영화를 추구하면 그 사람에게 근심이 닥친다는 뜻이다.

---

[100] 하상공에서는 귀(貴)를 외(畏)라고 풀고 있는데, 상이주에서는 귀(歸)로 보고 있다.

"何謂寵辱爲下? 得之若驚, 失之若驚, 是謂寵辱若驚."
총애나 욕됨이 모두 미천하다는 것은 무슨 말인가? 얻어도 마찬가지로 놀라고, 잃어도 마찬가지로 놀라는 것을 총애나 모욕에 마찬가지로 놀란다고 한다.

 爲下者, 貪寵之人, 計之下者耳. 非道所貴也.
 미천한 이는 총애를 탐하는 사람으로서 생각이 짧은 이일뿐이다. (총애는) 도가 귀히 여기는 것이 아니다.

"何謂貴大患若身."
큰 근심이 그 사람에게 이른다하는 것은 무슨 말인가?

 如前說.
 앞에서 말한 것과 같다.

"吾所以有大患, 爲我有身."
내게 큰 근심이 있는 까닭은 몸을 지니고 있기 때문이다.

 吾, 道也. 我者, 吾同. 道至尊, 常畏患, 不敢求榮, 思欲損身. 彼貪寵之人, 身豈能勝道乎! 爲身而違誡, 非也.
 오는 도이고, (뒤의) 아는 오와 같다. 도는 지극히 존귀함에도 늘 두려워하고 근심하여 감히 영화를 좇지 않고 자신을 덜어내려 한다. 저 총애를 탐하는 사람이 어찌 도를 이겨낼 수 있겠는가? 자신을 위하면서도 도계를 지키지 않는 것은 잘못이다.

"及我無身, 吾有何患."

내게 몸이 없다면 무슨 근심이 있겠는가?

> 吾我道也. 志欲無身,[101] 但欲養神耳.[102] 欲令人自法, 故云之.
>
> 오와 아는 도를 말한다. 자신을 위하려 하지 않고, 다만 신을 기르려 할 뿐이다. 사람들로 하여금 스스로 본받게 하고자 해서, 이와 같이 말했다.

"故貴以身於天下." [若不可託天下][103]

그러므로 자신을 천하보다 귀히 여기면, 그런 이에게는 천하를 맡길 수 없다.

> 若者, 謂彼有身貪寵之人.[104] 若以貪寵有身, 不可託天下之号

---

[101] 상이주에서 유신이나 위신은 외양으로서의 자신을 위하는 것, 즉 좋은 음식을 먹고 좋은 옷을 입는 것과 같은 것이다. 그러므로 무신은 그와 같이 외양의 자신을 위하는 행위가 없는 상태를 말한다.

[102] 본래 양신은 양형과 상반되는 의미로 사용된다. 예컨대 『장자·각의』편에서는 장수를 위해 호흡술과 도인술을 행하는 이들을 양형지인이라고 비하하고, 염담허무를 추구하는 것을 양신이라고 말하고 있다.

[103] 돈황본 상이주에는 이곳의 구절이 빠져있다. 그러나 주석에서는 이 구절이 있는 것처럼 주해하고 있다. 하상공과 왕필본에는 모두 '若可託天下'로 되어 있다. 구바오티엔도 같은 식으로 보완했다. 그러나 주석을 살펴보면 그대로 옮겨와서는 말이 통하지 않는다. 부정사를 넣은 위와 같은 형태로 쓰여야 한다. 돈황본은 필사본이기 때문에, 어느 정도의 가감은 자연스럽다.

[104] 유신은 위신과 같다. 부귀의 추구와 같이 자신의 욕망을 따르는 것을 말한다. 인과 천을 대비시키는 것은 상이주에서 처음 보이는 것은 아니다. 『회남자』에서도 천과 인을 가치적으로 대비시키고 있다. 『회남자·원도훈』의 다음 구절이 좋은 예가 될 것이다. "이른바 하늘이라고 하는 것은 순수하고 소박하며 바탕이 곧고 희어서, 일찍이 지저분한 것이 섞인 적이 없다. 이른바 사람이라는 것은 굽혀져 있고 거짓되어 세상 사람들에게 부합하면서 어울리는 것이다.[所謂天者 純粹樸素質直皓白 未始有與雜糅者也 所謂人者⋯⋯ 曲巧僞詐 所以俛仰於世人而與俗交者也]" 다만 상이주에서는 이런 가치적 대비를 선악의 구도로 재해석하고 있다는 점에서 기존의 사유와는 다르다.

也. 所以者, 此人但知貪寵有身, 必欲好衣美食, 廣宮室, 高臺榭, 積珍寶, 則有爲,[105] 令百姓勞弊. 故不可令爲天子也. 設如道意, 有身不愛, 不求榮好, 不奢侈飮食, 常弊薄羸行. 有天下, 必無爲, 守樸素, 合道意矣. 人但當保身, 不當愛身, 何謂也? 奉道誡, 積善成功, 積精成神, 神成仙壽, 以此爲身寶矣. 貪榮寵, 勞精思, 以求財, 美食以恣身, 此爲愛身者也, 不合於道也.

약은 자신을 위하고 총애를 탐하는 사람을 말한다. '약'은 총애를 탐하고 자신을 위하므로 천하를 맡길 수 없는 이의 호칭이다. 왜냐하면 이 사람은 다만 총애를 탐하고 자신을 위할 줄 만 알기 때문이다. (이 사람은) 반드시 좋은 옷과 기름진 식사, 넓은 집, 높은 정자를 원하고 진귀한 보물을 쌓아두기를 바랄 것이니, 유위로써 백성들을 피로하게 하고 곤궁하게 만들 것이다. 그러므로 천자로 삼으면 안 된다. 도의에 따르면 몸이 있다고 해도 자신을 아끼지 않고 영화로운 것과 좋은 것을 구하지 않으며, 사치스런 음식을 먹지 않고 늘 천한 옷을 입어서 자신을 감추고 다닐 것이다. (따라서) 천하를 소유한다고 해도 반드시 무위할 것이고 소박한 것을 지켜 도의에 합치될 것이다. 사람은 몸을 보존해야할 뿐, 아껴서는 안 된다는 것은 무슨 말인가? 도계를 받들고 선을 쌓아 공을 이루며, 정을 쌓아 선을 이루고 신이 이뤄져서 선수를 누리는 것을 몸의 보배로 삼는다. 영화와 총애를 탐하고 피로할 정도로

---

[105] 본래 유위는 무위와 상반되는 개념으로서 인위적인 통치 질서를 말하는데, 상이주의 유위는 개인적 욕망이 동기가 되는 일체의 기교적 행위를 말한다.

골똘히 생각해서 재화를 구하며, 좋은 음식으로 몸을 살찌우는 것은 몸을 아끼는 것으로서 도에 부합하지 않는다.

"愛以身爲天下, 若可寄天下."
자신을 아끼는 마음으로 세상을 다스리는 이에게는 천하를 맡길 수 있다.

與上同義.
위의 글과 같은 뜻이다.

14장

> 도는 감각으로 포착되지 않지만, 고대의 신선을 통해 존재의 단서를 잡을 수 있음을 말하고 있다. 도가 포착되지 않는 까닭 중 하나로 끊임없이 이어져있음을 말하는 것이 특징적이다. 이곳의 도는 기氣를 말한다.

"視之不見, 名曰夷. 聽之不聞, 名曰希. 搏[106]之不得, 名曰微."

보아도 보이지 않는 것을 이라 하고, 들어도 들리지 않는 것을 희라 하며, 잡으려 해도 잡히지 않는 것을 미라고 한다.

> 夷者, 平且廣. 希者, 大度形.[107] 微者, 道炁清.[108] 此三事欲歎道之德美耳.
>
> 이는 평평하고 광활한 것을, 희는 큰 모양을, 미는 도기의 맑음을 말한다. 이 셋은 도의 웅성한 덕을 찬미하는 말이다.

---

[106] 하상공본에는 단(摶)으로 백서본에는 민(揖)으로 되어 있다. 이곳의 박은 만진다는 뜻이다.
[107] 대도(大度)는 크다는 뜻이다. 구바오티엔은 도를 둥근모양이라고 해석하고 있는데, 이곳에서는 적절하지 않다.
[108] 구바오티엔에 따르면 이, 희, 미를 해석하는 세 구절은 각각 천, 지, 원기를 형상한 말이라고 한다.

"此三者不可致詰, 故混而爲一."

이 셋은 따져 물을 수 없기 때문에, 섞어서 '一'이 된다.

> 此三者淳說道之美. 道者天下萬事之本, 詰之者所況多,109 竹素不能勝載也, 故還歸一.110 多者何, 傷樸散淳, 薄更入耶, 故不可詰也.

> 이 셋은 도의 아름다움을 절실하게 설명한 것이다. 도는 천하 만사의 근본으로 따져 물을 것이 더욱 많기 때문에 글로는 이루 다 쓸 수 없다. 그러므로 다시 '一'로 귀착된다. 많은 말로 무엇을 하겠는가? (도를 설명하는 많은 말들은) 순박함을 해치고 흩어서 사람들을 박덕하게 만들어 다시 사특한 곳으로 들어가게 할 뿐이다. 그러므로 따져 물을 수 없다고 말한 것이다.

"其上不皦, 其下不忽."

위에서는 밝지 않고 잠깐씩이라도 소리가 들리지 않는다.

> 道炁常上下, 經營天地內外.111 所以不見, 淸微故也. 上則不皦, 下則不忽忽有聲也.112

---

[109] 구바오티엔이 지적하는 것처럼 어순이 좀 잘못되었다. 어법상 '所詰之者況多'로 되어야 한다.

[110] 도는 없는 곳이 없기 때문에 전모를 묘사할 수 없고, 결국 하나라고 표현할 수밖에 없다는 뜻이다.

[111] 한 대에는 수증기가 하늘로 올라가고 다시 이것이 내려오는 순환을 통해 천지가 경영된다는 생각이 일반적 통념이었다. 그런 통념이 반영된 표현이다.

[112] 백서에는 홀(忽)로 되어 있지만, 하상공본과 왕필본에는 매(昧)로 되어 있다. 홀홀은 언 듯 비치는 빠른 모양이라는 뜻이다. 전체적인 맥락이 보이지 않는다는 것이므로 매보다는 홀로 하고 너무 빨라서 '살짝이라도 보이지 않는다.'

도기는 늘 위아래로 운행하여, 천지의 안팎을 경영한다. 도기가 보이지 않는 까닭은 맑고 미세하게 때문이다. 위에서는 밝지 않고 아래에서는 간혹이라도 소리가 나지 않는다.

"繩繩不可名, 復歸於無物."[113]
끊임없이 이어져 뭐라고 부를 수 없으니 아무것도 없는 것으로 귀착된다.

 道如是不可見名, 如無所有也.
 도는 이처럼 이름을 붙일 수 없으니 마치 없는 것과 같다.

"是無狀之狀, 無物之像."
이는 형상이 없는 형상이요, 실체가 없는 형상이다.

 道至尊, 微而隱, 無狀貌形像也. 但可從其誡, 不可見知也. 今世間僞伎, 指形名道, 令有服色名字狀貌長短, 非也. 悉耶僞耳.
 도는 지극히 존귀하고 은미하니 형상할 수 있는 외양이 없다. 다만 그 가르침을 따를 수 있을 뿐, 보아서 알 수 있는 것이 아니다. 현재의 세간위기는 구체적인 모양을 적시하면서 도

고 해석하는 것이 적절해 보인다. 구바오티엔이 지적하는 것처럼 위에서 빛이 없다는 것은 아래에서 소리가 없다는 표현과 대응하므로 홀에 문제가 있어 보인다. 구바오티엔은 그럼에도 불구하고 아래에서는 소리가 들린다고 해석했다. 단정하기는 어렵지만, 전체적인 맥락상 포착되지 않는다는 뜻이 되어야 할 것처럼 보인다.

113 이름을 붙이기 위해서는 개체성을 지녀야 한다. 개체성은 분리됨으로써 얻어진다. 끊임없이 이어져 있다면, 분리되어 있지 않은 것이므로, 이름을 붙일 수 없다.

라고 하여 도에 복색과 호칭과 외양과 길이가 있다고 하는데 틀렸다. 실은 모두 사특한 거짓에 불과하다.

"是謂惚慌, 迎不見其首, 隨不見其後."
이를 황홀이라고 하니 (앞에서) 맞이해도 그 머리를 보지 못하고 따라가도 그 뒤를 보지 못한다.

> 道明不可見知, 無形像也.
> 도는 (아무리 눈이) 밝아도 알 수 없다. 형상이 없기 때문이다.

"執古之道, 以禦今之有."
옛날의 도를 가지고 오늘날의 있음을 알 수 있다.

> 何以知此道今端有.[114] 觀古得仙壽者悉行之, 以得知今俗有不絶也.
> 이(처럼 보이지 않는) 도가 오늘날 정말로 있는지를 어떻게 알 수 있는가? 옛날에 선인의 수명을 얻은 이가 모두 도를 행한 것을 보아 오늘날에도 끊이지 않고 있음을 알 수 있다.

---

[114] 20장의 주석에서 단자를 끝내 결코, 진실로 라는 뜻의 부사로 해석하고 있다. "결코 도를 믿지 않는다.[端不信道]" 여기서도 단자는 유사한 의미로 볼 수 있을 것이다.

"以故古始, 是謂道紀."[115]

이런 까닭으로 옛날의 신선을 도의 단서라고 한다.

>能以古仙壽若喩, 今自勉厲守道眞, 卽得道綱紀也.
>
>옛날의 신선의 수명을 누렸던 사람을 들어서 깨우쳐 줄 수 있다면, 오늘날 스스로 힘써 도의 참됨을 지키는 이들은 도의 단서를 얻을 수 있을 것이다.

---

[115] 도기(道紀)의 기는 일반적으로 강령, 벼리라고 해석된다. 구바오티엔도 이렇게 해석하고 있다. 그러나 이곳에서는 고대의 선인이 도의 존재를 증명하는 단서가 된다는 뜻이기 때문에, 도의 단서 혹은 실마리라고 옮기는 것이 적절하다.

15장

> 고대의 도를 체득한 이를 묘사하고, 그를 본받아야 함을 말하고 있다. 끝으로 그런 결과는 시해를 통해 보답 받는다고 주장한다.

"古之善爲士者, 微妙玄通."

옛날의 선사는 미묘하여 하늘과 통할 수 있었다.

　　玄, 天也.[116] 古之仙士, 能守信微妙, 與天相通.[117]

　　현은 하늘이다. 옛날의 선사는 미묘한 도를 굳게 지키고 믿어서 하늘과 통할 수 있었다.

"深不可識."

깊어서 알 수 없다.

　　人行道奉誡, 微氣歸之,[118] 爲氣淵.[119] 淵深也, 故不可識也.

---

[116] 10장에서도 현덕(玄德)에 대해, '현은 하늘이다.[玄, 天也]'라고 주하고 있다.

[117] 5장에서는 '선업을 쌓으면 그 정신이 하늘과 통한다.[是以人當積善功, 其精神與天通]'고 말하고 있다. 상이주에서 선한 일은 도계를 준수하는 것이고 도는 미묘하기 때문에 앞의 미묘는 도계(道誡) 혹은 도의(道意)임을 알 수 있다.

[118] 3장에는 '마음속의 흉악한 생각을 버리면 도가 와서 귀의하니 배가 찬다.[虛去心中兇惡, 道來歸之, 腹則實矣]'는 말이 보이고, 20장에는 '선사는 곡식이 있으면 그것을 먹고, 없으면 기를 먹는데, 기를 먹으면 장에 (각각 음식과 기가 들어가는) 두 겹의 주머니가 생긴다.[仙士有穀食之, 無則食氣. 氣歸胃, 卽腸重囊也]'는 말이 있다. 이곳의 귀(歸)는 일상적인 층위에서의 생명활동이 아니라, 예지력 같은 놀라운 능력을 발휘하는 경지를 말하고 있다.

도를 행하고 계를 받들면 미묘한 기가 귀의하여 기의 연못을 이룬다. 연못은 깊기 때문에 그 속을 알 수 없다.

"夫唯不可識, 故强爲之容."
오직 알 수 없기 때문에 억지로 형용하는 것이다.

> 唯, 獨也. 容, 形狀也. 獨行道, 德備淵深. 不知當名之云何, 强名之'善爲士'者, 道美大之也.

> 유는 오직이라는 뜻이다. 용은 형상이다. 홀로 도를 행함에 덕이 갖추어져 연못처럼 깊어진다. (그런 상태에 이르면) 어떻게 부르는 것이 마땅한지 모르기 때문에, 억지로 '선위사'라고 부른다. 도가 찬미한 것이다.

"豫若冬涉川, 猶若畏四鄰."
머뭇거리는 모양이 겨울에 개울을 건너는 것 같고, 조심하는 모양이 사방의 이웃을 두려워하는 듯 하다.

---

119 라오종이와 구바오티엔은 이 구절과 뒷구를 이어서 해석하고 있다. 특히 구바오티엔은 이 구절을 호흡과 연결하고 있다. 그러나 민중종교를 표방하면서 당시에 유행하던 내관존사의 명상법을 부정하는 상이주에서 호흡법을 주장했다고 생각되지는 않는다. 호흡법을 전제하지 않고도 해석할 수 있는 논리가 『관자·내업』편에 보인다. 『관자·내업』에 '정이 잘 모여 안으로 보관되면 생명의 원천이 되는데 그것은 넓고도 화평하여 기의 연못을 이룬다.[精存自生, 其外安榮, 內藏以爲泉原, 浩然和平, 以爲氣淵]'는 말이 보인다. 이곳에서도 기연과 연심의 사이에서 끊는 편이 자연스럽다. 단순히 강인한 의지에 기반해서 소박한 도덕률을 지켜나가는 것만으로도 태도를 일관되게 만들고, 사람들의 욕망에 민감해지고 세상을 여실하게 볼 수 있는 상태에 이를 수 있다. 그런 경지에 도달한 이들 앞에서 사람들은 자신의 폐부를 모두 드러내고 있는 듯한 느낌을 갖는데, 역으로 명확하고 단순한 상대의 속은 알지 못하겠다고 생각하게 된다.

冬涉川者, 恐懼也. 畏四憐, 不敢爲非, 恐鄰里知也. 尊道奉誡之人, 猶豫行止之間, 常當畏敬如此.

겨울에 개울을 건널 때는 두려워한다. 이웃을 두려워하면 감히 잘못을 범하지 않는다. 이웃이 알까 두려워하기 때문이다. 도를 높이고 계를 받드는 사람은 행동거지에 머뭇거리면서 항상 마땅히 두려워하기를 이와 같이 해야 한다.

"儼若客."

근엄한 모양이 손님과 같다.

謙不敢犯惡, 若客坐主人堂也.

겸손하여 감히 악을 범하지 못하는 것이 마치 손님으로서 주인의 대청에 앉아있는 듯 하다.

"散若冰將汓."

흩어지는 모양이 마치 얼음이 장차 녹으려는 것과 같다.

情欲思慮怒熹惡事,[120] 道所不欲. 心欲規之, 便卽製止解散, 令如冰見日散汓.[121]

정욕, 사려, 희노, 악한 일은 도가 바라지 않는 것이다. 마음이 그런 것들을 규제할 때는, 마치 얼음이 햇볕에 녹아 없어지듯이 곧장 제어해서 흩어지게 만들어야 한다.

---

[120] 상이주의 양생이념이 명확하게 드러나 있는 구절이다.
[121] 이 부분의 세 구절은 문장이 순하지 않다. 정확한 해석은 힘들지만, 대체적인 의미는 비교적 분명하다.

"混若樸, 曠若谷."
돈후하고 질박한 것이 마치 꾸미지 않은 통나무와 같고 텅 비고 넓은 것이 골짜기와 같다.

> 勉信道眞, 棄耶知, 守本樸, 無他思慮. 心中曠曠, 但信道如谷冰之志東流[122]欲歸海也.

> 도진을 믿고 힘쓰며 사특한 지혜를 버리고 본업을 지키면서 다른 생각을 하지 않는다. 마음속을 텅 비게 하고 다만 마치 골짜기의 얼음이 동쪽으로 흘러가서 바다에 도착하기를 바라듯이 도를 믿을 뿐이다.

"肫若濁, 濁以靜之徐淸."
(도를 추구하는 이는) 어리숙함이 탁수와 같다. 탁한 것을 고요히 두면, 천천히 맑아진다.

> 求生之人, 與不謝, 奪不恨, 不隨俗轉移. 眞思志道, 學知淸靜, 意當時如癡濁也. 以能癡濁, 樸且欲就矣. 然后淸靜能觀衆微, 內自淸明, 不欲於俗. 淸靜大要, 道微所樂. 天地湛然, 則雲起露吐, 萬物滋潤, 迅雷風趣, 則熯[123]燥物疼, 道氣隱藏, 常不周處. 人法天地, 故不得燥處, 常淸靜爲務. 晨暮露上下, 人身氣亦佈至. 師[124]設晨暮淸靜爲大要, 故雖天地有失, 爲人爲誡, 輒

---

122 본래는 류(汯)로 되어 있는데, 이 자는 류(流)자의 옛글자다. 구바오티엔 등은 이 자를 流자로 교감했다. 구바오티엔 등의 교감을 따른다. 21장에도 같은 예가 있다.
123 라오종이는 한(漢)으로 구바오티엔은 한(熯)으로 교감했다. 형태상으로는 漢으로 보이지만, 맥락상 熯으로 봐야한다.

能自反, 還歸道素. 人德不及, 若其有失, 遂去不顧, 致當自約持也.

생도를 추구하는 이는 어떤 상황에 처해도 마다하지 않고 빼앗겨도 탓하지 않으며 유행에 흔들리지도 않는다. 거짓됨이 없이 도를 향하고 청정을 익혀서 알고자 하니, (세속에 대해서는) 마치 바보와 같다. 바보 같을 수 있으므로, 장차 질박한 본성을 이루고자 한다. 그런 후에야 청정하여 은미한 도를 볼 수 있고, 안으로는 청명하여 속된 것에 마음을 두지 않는다. 청정함은 큰 요체이니 은미한 도가 좋아하는 것이다. 천지가 맑으면 구름이 일어나 이슬을 토해내고 만물을 길러낸다. 번개가 치고 바람이 일면 만물이 열기로 고통을 겪고 도기는 숨어서 결코 두루 머물지 않는다. 사람은 천지를 본받아야 하기 때문에 조급해서는 안 되고, 항상 청정에 힘써야 한다. 새벽과 저녁에는 이슬이 오르락내리락하고, 체내의 기운도 두루 퍼진다. 사는 새벽과 저녁의 청정함을 큰 요체로 삼는다. 그러므로 천지에 변고가 있어도 사람이 그것으로 경계하면 스스로 반성하여 도의 본래 그러함으로 돌아갈 수 있다. 덕이 미치지 못하여 잘못이 있는데도, 그대로 두고 살피지 않는다면, 스스로를 얽어매게 된다.

124 이곳의 사(師)는 도의 사람을 계도하는 측면을 포착한 표현으로 결국 도와 같은 뜻이다.

"安以動之徐, 生."
편안하게 (생각해서) 움직이고 천천히 행하면 살 수 있다.

> 人欲擧事, 先考[125]之道誡. 安思其義, 不犯道, 乃徐施之, 生道不去.

> 일을 도모하려 할 때는 먼저 도계에 비춰봐야 한다. 조용히 그 뜻을 생각해서 도에 어긋나지 않은 후에 천천히 행하면 생도에서 떨어지지 않을 것이다.

"保此道者不欲盈."
이 도를 지키는 이는 채우려 하지 않는다.

> 不欲志意盈溢, 思念惡事也.

> 지의를 넘치게 하지 않고 악한 일을 생각하지 않는다.

"夫唯不盈, 能弊復成."
지의를 넘치게 하지 않으면, 폐하였던 생명을 다시 이뤄지게 만들 수 있다.

> 尸死爲弊, 尸生爲成.[126] 獨能守道不盈溢, 故能改弊爲成耳.

> 시체가 죽은 것이 폐이고 살아난 것이 성이다. 오직 도를 지켜 지의를 넘치게 하지 않을 수 있어야, 폐를 고쳐 성이 되게 만들 수 있다.

---

[125] 본래는 효(孝)자로 되어 있지만 고(考)자로 봐야 할 것이다.
[126] 상이주에서는 죽었으나 다시 살아나는 즉, 진정으로 죽지 않는 시해를 긍정하고 있다.(16장 참조) 이곳의 시폐와 시성도 시해의 맥락에서 봐야 한다.

16장

> 만물의 순환 속에서 도의 특성을 찾아내고, 도의 특성을 추구하는 것이 바른 삶의 태도임을 말한 후, 그런 태도를 견지하면 시해를 이룰 수 있다고 말하고 있다.

"致虛極, 守靜篤."

비어있음의 극단에 이르고 고요하고 돈독함을 지켜야 한다.

> 道眞自有常度, 人不能明之, 必復企慕[127]世間常僞伎. 因出教授, 指形名道, 令有處所服色, 長短有分數, 而思想之.[128] 苦極無福報, 此虛詐耳. 强欲令虛詐爲眞, 甚極. 不如守靜[129]自篤也.

---

[127] 본래 모(暮)로되어 있지만 그리워하다는 뜻의 모(慕)로 봐야 할 것이다.

[128] 『황정경』은 이곳에서 말하는 것처럼 구체적인 신의 모양과 크기 등이 기술되어 있어서 연상하기 좋게 되어 있다. 그것은 일종의 상상을 통한 명상법이다. 갈홍은 포박자에서 이런 명상법 중 수일법을 다음과 같이 개괄적으로 설명하고 있다. "일에는 성자와 복색이 있다. 남자는 길이가 구 푼이고 여자는 육 푼이다. 혹은 배꼽아래 두 치 사 푼 되는 곳인 하단전에 있고, 혹은 ……[一有姓字服色, 男長九分, 女長六分, 或在臍下二寸四分下丹田中, 或在心下絳宮金逆中丹田也, 或在人兩眉間. 抱朴子知眞]"

[129] 상이주에서는 도계를 준수하여 선한행위를 하는 것을 가장 중시하기 때문에, 마음을 청정한 상태로 만드는 것은 좀 부차적인 위치를 지닌다. 마음의 청정을 그럭저럭 인정하는 듯한 느낌이 드는 '不如'라는 표현의 함의다. 그렇지만 논리적으로 도계를 지키는 선한행위는 守靜을 수반한다. 수정이 없이 도계를 지키는 것은 이론적으로 불가능하다. 리양정은 수정이 마음안의 신이 밖으로 나가는 것을 방지하는 독립된 수양법이라고 말한다. 李養正, 『도교개설』, 中華書局, 1989, 301쪽. 그러나 도교양생론에서 수정은 모든 양생론에 선행하므로 독립된 개별적 양생술로 볼 수 없다.

참된 도에는 본래 모범이 있지만 사람들은 그것을 알지 못하기 때문에 세상에 늘 있는 거짓된 도를 도모한다. 이름에 (거짓된 것을 주장하는 이들이) 나와 사람들을 가르쳐 도에 모양과 이름이 있고 거주하는 곳과 복색이 있으며 길이와 크기는 얼마 만큼이라 하여 (그 도를) 존상하게 한다. (그러나) 참으로 고달플 뿐 복을 받지는 못한다. 이는 헛된 거짓일 뿐이다. 힘써 헛된 거짓을 참으로 만들고자 하나 매우 과한 짓이다. 고요함을 지키고 스스로를 돈독하게 하느니만 못하다.

"萬物並作, 吾以觀其復. 夫物云云,[130] 各歸其根."[131]
만물이 함께 일어남에, 나는 그 돌아갈 것을 본다. 무릇 만물이 번창하였다가 각각 그 뿌리로 돌아간다.

> 萬物含道精, 並作, 初生起時也. 吾, 道也. 觀其精復時, 皆歸其根, 故令人寶愼根也.[132]
>
> 만물이 도정을 품고 있으면서 함께 자라는 것은 처음에 생겨

---

[130] 왕필본에는 운운(芸芸)으로 되어 있다. 만물이 번창한 모양이다.
[131] 고대 중국인들은 생명이 하나의 도에서 왔다가 다시 도로 돌아간다고 생각하고 있었다. 사람의 경우도 다르지 않아서, 다시 기로 돌아간다고 생각했다. 다만, 개체성을 잃고 흩어지는 기간에 대해서는 시기마다 생각이 조금씩 달랐고, 생전의 지위에 따라 차이가 있다고 말하는 경우도 있었다. 이런 차이는 그 사람이 살아생전에 취한 생명력의 정도에 근거해서 설명되기도 했다.
[132] 이곳에는 씨에서 싹을 틔웠다가 다시 씨를 맺고 뿌리로 복귀하는 다년생 식물의 유비가 전제되어 있다. 이런 유비를 몸에 대응시키면 뿌리와 씨앗은 각각 신장과 신장 안에 들어 있는 정에 대응한다. 그리고 마음안의 정신에 대응한다. 마음을 고요히 해서 정신의 유출을 막아야 하는 것처럼 신장의 정도 안정되게 만들어 밖으로 넘쳐남(즉, 사정을 통한 배출)이 없도록 해야 한다는 논리가 이런 관념으로부터 도출된다.

날 때이다. 나는 도이다. 그 정이 복귀할 때를 보면 모두 그 뿌리로 돌아간다. 그러므로 사람들로 하여금 뿌리를 귀하게 여기고 조심하게 만든 것이다.

"歸根曰靜."
뿌리로 돌아가는 것을 고요하다고 한다.

道氣歸根, 愈當淸淨也.
도기가 뿌리로 돌아가면 마땅히 더욱 청정해진다.

"靜曰復命, 復命曰常."
고요한 것을 본성으로 복귀했다하고 본성으로 복귀한 것을 항상 됨(즉, 법)이라고 한다.

知寶根淸靜, 復命之常法133也.
뿌리의 청정함을 알아서 귀히 여기는 것이 명으로 복귀하는 항상 된 법도이다.

"知常明."
항상된 법도를 아는 것이 밝은 것이다.

知此常法, 乃爲明耳.
이 항상된 법도를 알면, 밝게 되리라.

133 상이주에서는 방중술과 내관존사의 명상법 등 여러 양생술을 모두 비판하고 청정을 견지하는 방법만을 내세우면서, 여기에 더해 양생윤리를 결합시키고 있다.

"不知常, 妄作凶."

항상된 법도를 알지 못하고 망령되이 흉악한 짓을 한다.

  世間常僞伎, 不知常意, 妄有指書, 故悉凶.

  세상의 항상 된 거짓은 (참으로) 항상 된 뜻을 알지 못하고 망령되이 도를 묘사하여 글을 지으니 모두 흉악한 짓일 뿐이다.

"知常容."

상도를 알고 있는 사람은 몸을 보존한다.

  知常法意, 常保形容.

  항상된 법의 뜻을 알면 늘 몸을 보존할 수 있다.

"容能公."

몸을 보존하면 공정할 수 있다.

  以道保形容, 爲天地上容, 處天地間, 不畏死, 故公也.

  도에 따라 몸을 보존하면 천지의 으뜸가는 몸이 되어 천지간에 머물면서, 죽음을 두려워하지 않기 때문에 공정할 수 있다.

"公能生."

공정하면 살 수 있다.

  能行道公政, 故常生也.

  공정하게 도를 행할 수 있기 때문에 늘 살 수 있다.

"生能天."

장생에 이르면 하늘처럼 될 수 있다.

> 能致長生, 則副天也.
>
> 장생에 이를 수 있으면 하늘과 짝할 수 있다.

"天能道."

하늘은 도처럼 될 수 있다.

> 天能久生, 法道故也.
>
> 하늘이 오랫동안 살 수 있는 것은 도를 본받았기 때문이다.

"道能久."

도는 오랠 수 있다.

> 人法道意, 便能長久也.
>
> 도의 뜻을 본받으면 장구할 수 있다.

"沒身不殆."

몸을 잃어도 위태롭지 않다.

> 太陰道積練形之宮也.[134] 世有不可處, 賢者避去託死. 過太陰[135]中, 而復一邊生像,[136] 沒而不殆也. 俗人不能積善行, 死便

---

[134] 구바오티엔은 이 구절을 태음의 도를 닦는다고 해석하고 있는데, 상이주에 보이는 시해를 일종의 양생술로 보기 때문에 이렇게 해석하는 것이다. 그러나 최소한 상이주의 시해는 양생술에 의해 얻어지는 결과물 혹은 불사의 다른 해석이지 그 자체가 양생술은 아니다.

[135] 이곳에서 태음은 사람이 죽어서 가게 되는 곳이다. 똑같은 논리가 33장에 보

眞死, 屬地官[137]去也.

도에 따라 선을 쌓았으면, 태음은 몸을 단련하는 곳이 된다. (구체적으로 말하자면 다음과 같다.) 세상에 머물만한 곳이 없으면 현자는 (현세를) 피해 죽음에 몸을 맡긴다. (죽어서) 태음을 지나는 중에 한쪽에 다시 태어나므로 몸을 잃어도 위태롭지 않다. 속된 사람들은 선행을 쌓지 못하기 때문에 죽음이 곧 진정한 죽음이 되어 지관에 속하고 만다.

인다. '道人行備, 道神歸之, 避世託死, 過太陰中, 復生去爲不亡, 故壽也' 도홍경은 『등진은결登眞隱訣』에서 하늘을 몇 개로 구분하면서 태음을 풍도(酆都), 나풍산(羅酆山), 육천(六天), 야역(夜城)이라고 불리는 곳으로 북쪽 끝에 있는 섬이며 죽은 이들을 심판하는 곳이라고 한다. 문맥상 상이주의 태음은 종점이기 보다는 지나는 길이라고 추정된다. 상이주에는 태음이 신체의 신장이라는 뜻으로 쓰인 경우도 있다. 30장의 주석에 보인다.

136 시해를 통해 다시 태어난 이들은 다른 지역에서 다시 나타난다고 한다. 그 점을 말하는 것이다.
137 오두미도에서는 사람들에게 죄를 기록한 세 통의 글을 지어서 천, 지, 수의 삼관에게 바치고 신명과 다시는 죄를 짓지 않겠다고 맹세토록 하였다. 『위지(魏志)·장노전(張魯傳)』에 보인다. 이때 쓴 편지를 삼관수서라고 말한다. 그러나 이곳의 지관이 삼관수서의 삼관 중 하나인지는 확신할 수 없다. 마왕퇴 3호 한묘(미이라로 발견된 여인의 아들인 이청의 묘)에서는 사후 지관에게 보내는 글이 발견된 바 있다. 고대 중국인들은 현세와 내세가 유사한 관료제로 구성되어 있을 것이라고 가정하고 있었다. 이 점은 상이주의 천조(天曹)와 같은 표현에서도 간접적으로 추론할 수 있다.

17장

> 글 전체의 주인공은 선사仙士다. 선사는 도의 가르침을 펴는 이다. 가르침을 펴는 대상을 크게 상지와 하지로 나누고, 세부적으로 친예할 사람과 두려워하게 만들 사람, 접해서는 안 될 사람으로 나눠서 설명하고 있다.

"太上下知有之."

태상에게도 하지가 있다.

> 知道, 上知也. 知也惡事, 下知也. 雖有上知, 當具識惡事, 改之不敢爲也.
>
> 도를 아는 것이 상지다. 앎에는 악한 것도 있으니, 악한 것에 대한 앎이 하지다. 비록 도를 안다고 해도, 마땅히 악한 일을 함께 알아 고치고 감히 행하지 말아야 한다.

"其次親之譽之."

그 다음은 가까이 하고 또 칭찬해준다.

> 見求善之人曉道意, 可親也. 見學善之人勤勤者, 可就譽也. 復教勸之勉力助道宣教.
>
> 도의를 깨달아서 선을 추구하는 이를 보면 가까이 해야 한다. 선을 익히는 이가 열심히 노력하는 것을 보면 나아가 칭찬해

야 한다. 또 가르쳐 권장함으로써 힘껏 도를 도와 가르침을 펴도록 해야 한다.

"其次畏之."
그 다음은 두려워하게 만든다.

> 見惡人, 誡爲說善. 其人聞義則服, 可敎改也. 就申道誡示之, 畏以天威, 令自改也.

악인을 보면 주의를 주고 선을 설교한다. 그 사람이 도의를 듣고 복종하면 가르쳐 고쳐줄 수 있다. (그 사람에게) 나아가 도계를 펴서 보여주고 하늘의 위엄으로 경외하게 하면 스스로 고치게 만들 수도 있다.

"侮之."
고쳐지지 않는 사람은 업신여긴다.

> 爲惡人說善, 不化而甫[138]笑之者, 此卽芻狗之徒耳, 非人也. 可欺侮之, 勿與語也.

악인에게 선을 설교하였으나 교화되지 않고 크게 비웃는 이는 추구와 같은 무리일 뿐이요, 사람이 아니다. 그를 업신여겨도 되니 함께 이야기를 나누지 마라.

---

[138] 대(大)의 뜻이다. 예를 들어, 시경의 '無田甫田, 維莠驕驕'에서 보전(甫田)은 대전(大田)의 뜻이다.

"信不足, 有不信."

믿음이 부족하기 때문에 (선인의 말을) 믿지 않는다.

> 芻狗之徒, 內信不足, 故不信善人之言也.
>
> 추구의 무리는 안으로 믿음이 부족하기 때문에 선인의 말을 믿지 않는다.

"猶其貴言, 成功事遂"

도의 말을 귀히 여기니 성공하여 일이 이뤄진다.

> 道之所言, 無一可棄者. 得仙之士, 但貴道言, 故輒成功事遂也.
>
> 도의 말은 하나도 버릴 것이 없다. 선인이 된 이는 오직 도의 말을 귀히 여기므로 성공하여 일이 이뤄진다.

"百姓謂我自然."

백성들은 내가 본래부터 그랬다고 말한다.

> 我, 仙士也. 百姓不學我有貴信道言以致此功, 而意我自然. 當示, 不肯企及效我也.
>
> 나는 선사다. 백성들은 내가 도의 말을 귀히 여기고 믿어서 이 일을 이룬 것을 배우려 하지는 않으면서, 내가 본래부터 선사였다고 생각한다. 마땅히 (진실을) 알려줘도, 나를 따라 본받으려 하지 않는다.

18장

순박한 상고시대와 이지가 발달한 현재를 언급한 후, 상고시대로 돌아가기 위해서는 왕이 도계를 믿어야 한다고 말한다. 인과의 자체를 비판한 것이 아니다. 다만, 외적인 성취를 위한 인의를 비판적으로 보고 있을 뿐이다.

"大道廢, 有仁義."
위대한 도가 폐하여짐에 인의가 있게 되었다.

> 上古道用時, 以人爲名, 皆行仁義, 同相像類, 仁義不別. 今道不用, 人悉弊薄, 時有一人行義, 便共表別之, 故言有也.
> 상고의 시기 도가 행해지고 있을 때는 사람이라고 불리면 모두 인의를 행했으므로 서로 닮아서 인의를 가지고 구별할 수 없었다. 현재는 도가 행해지지 않아 사람들이 모두 비루하고 박해졌으므로, 혹 어떤 이가 의로운 일을 행하면 함께 그를 표창한다. 그러므로 (인의가) 있다고 말한 것이다.

"智慧出, 有大僞."
인위적 지혜가 나타남에 큰 거짓이 있게 되었다.

> 眞道藏, 耶文出. 世間常僞伎稱道敎, 皆爲大僞不可用. 何謂耶文? 其五經半入耶,[139] 其五經以外, 衆書傳記, 尸人[140]所作

悉耶耳.

참된 도가 숨겨지자 삿된 글이 나타났다. 세상 사람들은 늘 거짓된 것을 도의 가르침이라고 하지만, 모두 큰 거짓으로 행해서는 안 된다. 무엇을 삿된 글이라고 하는가? 오경에도 반은 삿된 글이 들어간 것이니, 오경이외의 여러 서적과 전기로 시인이 지은 것은 모두 사문일 뿐이다.

"六親不和, 有孝慈."
육친이 화목하지 못함에, 효와 자애가 있게 되었다.

道用時, 家家慈孝, 皆同相類, 慈孝不別. 今道不用, 人不慈孝, 六親不和, 時有一人行慈孝, 便共表別之, 故言有也.

도가 행해질 때는 집집마다 자애롭고 효성스러움이 모두 같았으므로 자애롭고 효성스럽다고 해서 특별히 드러나지는 않았다. 현재는 도가 행해지지 않으니 사람들은 자애롭고 효성스럽지 않으며 육친 간에도 화목하지 않다. 혹 어떤 이가 자애와 효를 실천하면 함께 그를 표창하여 드러내기 때문에

---

139 21장에서는 '도는 심대하여 공자로 하여금 (도에 대해) 알도록 하였다. 그러나 후대에는 도문을 믿지 못하고 다만 공서를 높일 뿐이 그보다 위가 없다고 생각하였으므로 도는 이를 분명히 하여 후현들에게 고하여 주었다.[道甚大, 教孔丘 爲知. 後世不信道文, 但上孔書, 以爲無上, 道故明之, 告後賢]'고 한다. 상이주에서는 후한대 이후 벌어진 혼란의 책임을 당시의 주류학문이었던 경학에 부여하기 때문에 경학에 대한 공격이 보인다. 오경에 사특함이 들어가게 되었다는 것도 주석을 통한 해석 즉 경학을 비판하는 것이다.

140 시인은 생도를 따르지 않는 즉, 상이주에서 말하는 진도를 따르지 않는 이들을 말한다. 이들은 죽어서 시해할 수 없는 이들이다. 7장에서 말하는 시행 즉, 장생의 도를 알지 못한다고 할 때의 시행과 같다.

(효와 자애가) 있다고 말한 것이다.

"國家昏亂, 有忠臣."[141]

나라가 혼란하여짐에 충성스러운 신하가 있다.

> 道用時, 帝王躬奉行之, 練明其意以臣庶, 於此吏民莫不效法者.[142] 知道意, 賤死貴仙. 竟行忠孝, 質樸慤端, 以臣爲名, 皆忠相類不別. 今道不用, 臣皆學耶文, 習權詐, 隨心情, 面言善, 內懷惡. 時有一人行忠誠, 便共表別之, 故言有也. 道用時, 臣忠子孝, 國則易治. 時臣子不畏君父也, 乃畏天神. 孝其行, 不得仙壽, 故自至誠. 旣爲忠孝, 不欲令君父知, 自黙而行, 欲蒙天報. 設君父知之, 必賞以高官, 報以意氣, 如此功盡, 天福不至. 是故默而行之, 不欲見功. 今之臣子, 雖忠孝, 皆欲以買君父, 求功名. 過時不顯異之, 便屛恕[143]之, 言無所知. 此類外是內非, 無至誠感天之行, 故令國難治. 今欲復此, 疾要在帝王當專心信道誠也.

---

141 이 구절의 주석에서는 도가의 무위지치를 도계를 믿는 것과 결합해서 설명하고 있다.

142 라오종이나 라오종이를 답습하는 구바오티엔은 '練明其意, 以臣庶於此, 吏民莫不效法者'로 표점하고 있다. 이렇게 끊으면 두 번째 구절을 해석할 수 없다. 구바오티엔은 '신민들이 대도의 본의를 깊이 알게 만들고, 여러 신하들이 받들어 행하게 하면, 관리와 평민 중에 받들지 않는 이가 없을 것이다.'라고 해석하고 있다. 위와 같은 표점에서 어떻게 이렇게 해석될 수 있는지 알 수 없다. 어느 쪽도 무리가 있지만, 이 구절을 셋이 아닌 두 개의 구절로 끊고 그에 맞춰 해석해 두었다.

143 원문에는 서(恕)로 되어 있는데, 노(怒)로 보아야 할 것이다.

도가 행해질 때는 제왕이 몸소 도를 받들어 행하고 그 뜻을 여러 사람들에게 익히 밝혔으니 백성과 관료들이 그 뜻을 본받았다. 도의를 알아 죽음의 길을 천시하고 선도의 길을 귀히 여겼다. 그 결과 충효를 행하고 질박하고 단아했으며, 신하라고 불리는 이들은 모두 충성스러워 구별이 되지 않았다. 현재는 노가 행해지지 않으니 신하들이 모두 사특한 글을 배우고 권도와 사도를 익히며 본 마음을 따른다. 얼굴과 말은 선하게 하면서도 안으로는 악(한 마음)을 품고 있다. (따라서) 때로 어떤 이가 충성스럽게 행동하면 함께 그를 표창해주기 때문에 있다고 말한 것이다. 도가 행해질 때는 신하들은 충성스럽고 자식들은 효성스러워서 나라가 쉽게 통치되었다. 그 때에는 신하나 자식들은 임금과 아비를 두려워하지 않고 천신을 두려워하였다. 효성스럽게 행하였으나 선수를 얻지 못하면 (그 이유로 오히려) 지극히 정성스럽게 행하였다. 충효를 실천한 후에도 임금과 아비로 하여금 알게 하지 않고 묵묵히 행하여 하늘의 보답을 받으려 했다. 만약 임금과 아비가 알아서 높은 관직으로 보상하고 의기로 보답해주면, 이 때문에 공이 다하여 하늘이 내리는 복이 이르지 않는다. 이런 까닭으로 묵묵히 행할 뿐 공을 드러내려 하지 않았다. 오늘날의 신하와 자식들은 충성스럽고 효성스럽다고 해도, 모두 임금과 아비의 신임을 얻고 공명을 취하려 한다. (그러는 와중에) 시간이 지났는데도 임금과 아비가 알아주지 않으면 곧 임금과 아비를 피하고 노여워하면서 자신들을 알아주지 않는다고 말한다. 이런 이들은 밖은 옳지만 안이 그르다. 지성감천의 행실이 없기 때문에 나라를 다스리기 어렵게 만든다. 이제 이런 상황을 회복하려 한다면, 급선무는 제왕이 마음을 올곧게 하여 도계를 믿는 데 있다.

19장

거짓된 성스러움과 인위적 지혜, 거짓된 인의, 사특한 교묘함과 이익이 모든 어지러움의 근원임을 밝히고 있다. 흥미롭게도 도덕경 주석의 형태로 의견을 개진하는 까닭을 말하고 있다. 왕필본과 하상공본에서는 모두 인위적인 것으로부터 소박한 곳으로의 복귀라는 구도에서 해석하고 있다.

"絶聖棄知, 民利百倍."
거짓된 성스러움을 끊어내고 사특한 앎을 버리면 백성들의 이로움이 백배가 되리라.

> 謂詐聖知耶文者. 夫聖人天所挺, 生必有表,[144] 河雒著名. 然常宣眞, 不至受有誤耶道. 不信明聖人之言, 故令千百歲大聖演眞, 滌除耶文. 今人無狀,[145] 裁通[146]經藝, 未貫道眞, 便自稱聖. 不因本而章篇自揆. 不能得道言, 先爲身,[147] 不勸民眞道可得仙

---

[144] 상이주는 동중서의 『춘추번로』에 보이는 천지감응의 논리가 전제되어 있기 때문에, 성인의 탄생과 같은 인간사의 일에 상서로운 징조가 있다고 말하는 것이다.

[145] 형상이 없다는 뜻으로 상이주 14장에도 나오는 표현이다. 이곳에서는 죄가 너무나 커서 형용할 수 없을 정도라는 뜻으로 쓰였다.

[146] 구바오티엔은 재(裁)를 재(才)로 보아 경예에 겨우 통했다고 해석한다. 경예가 경학을 말한다고 하면 경학에 두루 통했다고 볼 수도 있을 것이다. 경학의 일부 예를 들면 역이나 시 혹은 서 같은 문헌 중 하나에만 천착했다고 볼 수도 있고 경학에 두루 통했다고 볼 수도 있을 것이다.

壽, 修善自勤. 反言仙自有骨錄,¹⁴⁸ 非行所臻, 云無生道, 道書欺人. 此乃罪盈三千,¹⁴⁹ 爲大惡人, 至令後學者不復信道. 元元¹⁵⁰不旋, 子不念供養, 民不念田, 但逐耶學, 傾側師門,¹⁵¹ 盡氣誦病, 到於窮年. 會不能忠孝至誠感天, 民治身不能仙壽, 佐君不能致太平,¹⁵² 民用此不息, 倍城邑虛空. 是故絶詐聖耶知, 不絶眞聖道知也.

(성과 지는) 거짓된 성스러움과 사특한 글에 관한 지식을 말한다. 성인은 하늘이 뽑아 세운 이로서, 태어남에는 반드시 (상서로운) 징조가 있다. 하도와 낙서는 성인의 이름을 드러낸 것이다. (하늘이 낸 인물이라는 점이 뚜렷한데도) 성인은 늘 참을 펴서 사도로부터 잘못된 가르침을 받지 않도록 한다. (그런데도 사람들은) 명백한 성인의 말을 믿지 않았기 때문에 천백세나 된 위대한 성인으로 하여금 참된 도를 말하고,

---

147 위신은 유신(有身)이나 보신(保身)처럼 좋은 먹거리, 좋은 옷, 좋은 집과 같은 사적인 욕망을 추구하는 것을 말한다.
148 골록(骨錄)이라는 것은 좁게 말하자면, 선인의 골상을 가리키는 말이다. 넓게 보자면 타고난 외모에서 보이는 선인의 풍모를 가리킨다고 할 수 있다. 어떻게 해석하든 선인이 될 사람은 타고나야 한다는 뜻이다.
149 삼천이 무엇을 말하는지는 알 수 없다. 죄를 기록한 우계에 기록된 죄값일 수도 있고, 삼천 년간 짊어질 죄악이라는 뜻일 수도 있다. 두 가지가 결합된 뜻일 수도 있다.
150 구바오티엔은 원원이 현현과 같으니 하늘을 가리킨다고 하지만, 근거를 알 수 없고 하늘이 돌지 않는다는 것이 무슨 뜻인지도 알 수 없다. 원원(元元)은 백성, 선량, 원시, 원시를 추구한다는 뜻으로 쓰인다. 선은 방향을 트는 것이다. 근원 즉, 도진에서 시작해야 하는데 그렇게 하지 못한 채 이어져 온대로 따라한다는 뜻으로 해석하는 것이 자연스럽다.
151 한대에 번성했던 다양한 경학의 유파를 가리킨다고 볼 수 있다.
152 태평이라는 표현은 태평성세를 이루자는 태평도의 구호에서 유래한 것이다.

사특한 글을 없애도록 했다. 오늘날의 사람들은 죄가 끝없으니 경예에 겨우 통할 뿐, 도진을 관통하지 못했는데도 성인이라고 자칭한다. 근본에 토대하지 못하고 경전의 글을 제멋대로 해석한다. 도언을 깨닫지 못한 채 자신을 앞세운다. 백성들로 하여금 참된 도를 닦아 선수를 누릴 수 있도록 권면하지 않고 열심히 선을 낚게 하지도 않는다. 도리어 신선에게는 본래 타고난 골록이 있는 법이니 수행을 통해 이를 수 있는 것이 아니고 장생불사의 도리는 없다고 말하면서 도서가 사람을 속인 것이라고 한다. 이(렇게 말하는 이)는 죄가 삼천을 채울만한 악인으로, 후학들로 하여금 다시는 도를 믿지 못하게 만든다. (한 번 잘못된) 근원을 바꾸지 못하니 자식은 공양할 생각을 하지 않고 백성들은 농사지을 생각을 하지 않는다. 다만 사특한 학문만을 좇아 자신이 속한 학파의 주장에 경도된다. 암송하는 데 힘을 다 쏟고 수명을 다하고 만다. 지성으로 충효함으로써 하늘을 감동시키지 못하니, 백성들은 몸을 다스리지만 불사하지 못하고 임금을 도와도 태평성대를 이루도록 하지 못한다. (그런데도) 백성들은 이 사도를 행함이 끝없어 성읍을 더욱 비게 만든다. 따라서 (이 구절은) 거짓된 성스러움과 사특한 지식을 끊어내야 한다는 것이지 참된 성스러움과 참된 도에 대한 앎을 없애야 한다는 것이 아니다.

"絶仁棄義, 民復孝慈."

인을 끊어내고 의를 버리면 백성들은 효성과 자애로움을 회복할 것이다.

治國法道, 聽任天下仁義之人, 勿得強賞也. 所以者, 尊大其化, 廣聞道心.[153] 人爲仁義, 自當至誠, 天自賞之, 不至誠者, 天自罰之. 天察必審於人, 皆知尊道畏天, 仁義便至誠矣. 今王政強賞之, 民不復歸天. 見人可欺, 便詐爲仁義, 欲求祿賞. 旁人雖知其邪交,[154] 見得官祿, 便復慕之, 詐爲仁義, 終不相及也. 世人察之不審, 故絶之勿賞, 民悉自復慈孝矣. 此義平忤俗夫心, 久久自解, 與道合矣. 人君深當明之也.

나라를 다스림에는 도를 본받아 천하의 어질고 의로운 사람에게 맡겨두되, 보상하는데 힘써서는 안 된다. 그 이유는 도의 교화를 존중하고 도심을 널리 알리기 위해서이다. 사람이 인의를 행함에 마땅히 지성으로써 하면 하늘은 자연스럽게 보상할 것이고, 지성으로 하지 않으면 하늘은 저절로 벌할 것이다. 하늘은 살핌에 반드시 사람을 상세하게 살피니, 모두 도를 높이고 하늘을 두려워할 줄 알면, (그들의) 인의는 곧 지극한 정성으로 인한 것이다. 현재의 정사에서는 (인의를) 힘써 보상하니 백성들은 결코 하늘에 귀의하지 못한다. 속일 만한 사람을 보면 곧 거짓으로 인의를 행하여 녹봉과 상을 구하려 한다. 가까운 이들은 그것이 사특하게 사귀는 것임을 알고 있다. 그러나 관록을 얻는 것을 보고는 곧 다시 흠모하여

---

[153] 문(聞)은 본래 듣다는 뜻으로 쓰이지만, 명성이 나다는 의미로도 쓰인다. 이곳에서는 널리 알려진다는 뜻으로 사용되었다.
[154] 라오종이는 교(交)자로 구바오티엔은 문(文)자로 교감했는데, 형태상 교(交)자가 틀림없다. 라오종이는 사(邪)와 교(交) 사이에서 끊었는데, 문맥상 邪交로 끊는 편이 자연스럽다.

거짓으로 인의를 행하니 끝내 도에 이르지 못한다. 사람들은 밝게 살피지 못한다. 그러므로 딱 끊어내고 상을 주지 않으면 백성들 모두가 스스로 자애로움과 효성스러움을 회복할 것이다. 이 (구절의) 뜻은 대체로 속인의 생각과는 어긋나지만 오랜 시간이 지나면 스스로 이해하여 도에 합치될 것이다. 임금은 이 이치를 깊이 그리고 밝게 알아야 한다.

"絶巧棄利, 盜賊無有."
교묘함을 끊어내고 이익을 추구하지 않으면, 도적이 없게 될 것이다.

耶巧也. 所得財寶也, 世不用之, 盜亦不利也.
(이곳의 교는) 사특한 교묘함이다. (만약) 얻은 재화를 사람들이 쓰지 않으면 도적도 재화를 이롭다고 여기지 않을 것이다.

"此三言爲文未足. 故令有所屬, 見素抱樸."
이 세 말을 글로 지으려 해도 족하지 않다. 그러므로 이 글을 주석의 형태로 지어서, 도덕의 본질을 보이고 질박한 본성을 지키게 했다.

三事天下大亂之源. 欲演散之, 億文復不足, 竹素不勝矣受.[155]
故令屬此道文不在外書也.[156] 揲說其大略, 可知之爲亂原.

---

[155] 14장에 '竹素不能勝載也'라는 표현이 있는 것으로 보아 '不勝受'의 잘못된 표현으로 봐야 할 것이다.

[156] 이런 내용을 도덕경 주석의 형태로 밝히는 까닭을 설명한 것이다.

이 세 가지 일은 천하가 크게 어지러워지는 근원이다. 그것을 풀어서 밝히려면 아무리 많은 글이라고 해도 결코 넉넉하지 않고, 죽백에도 담을 수 없을 것이다. 그러므로 이 도문을 외서가 아닌 곳에 속하게 했다. (그리고) 그 대략을 짚어 말함으로써, 앞의 세 가지가 어지러움의 근원임을 알 수 있게 만들었다.

"少私寡欲."
사리를 줄이고 욕심을 적게 한다.

　　道之所說, 無私少欲於世俗耳.
　　도가 말한 것은 세속에 대해 사사로움을 없애고 욕망을 줄이라는 것뿐이다.

20장

> 선사의 마음과 속인의 마음을 대립적으로 묘사하고 있다. 속인은 마음을 일으켜 외물을 취하려 함에 반해, 선사는 유신, 위신과 같은 유위의 의도를 일으키지 않는 바보와 같은 마음을 지니고 있다고 말한다. 선사는 식곡 외에도 식기를 함을 밝히고 있다. 식기는 모종의 호흡술이라고 할 수 있지만, 엄격히 말하자면 벽곡술에 가깝다. 호흡을 통해 모종의 망아적 상태를 체험하는 기법이라기보다는 말 그대로 곡식을 끊고 기를 먹는 기법이다.

"絶學無憂, 唯之與何, 相去幾何."
(어떤 이가 물었다.) 삿된 학문을 끊어 근심을 없애면, 도가 그와 함께할 것인가? 그리고 (참된 도와, 삿된 학문은) 서로 얼마나 다른가?

> 未知者復怪問之, 絶耶學, 道與之何? 耶與道相去近遠? 絶耶學, 獨守道, 道必與之耶. 道與耶學甚遠, 道生耶死. 死屬地, 生屬天, 故極遠.

아직도 알지 못하는 이가 다시 미심쩍어 하면서 거짓된 학문을 끊으면 도가 함께하는지 또 거짓된 학문과 도는 얼마나 다른지를 물었다. 거짓된 학문을 끊고 도만을 지키면 도가 반드시 그와 함께 할 것이다. 도와 거짓된 학문은 아주 멀어서 도는 살게 하고 거짓된 학문은 죽게 만든다. 사는 땅에 속하고 생은 하늘에 속한다. 그러므로 지극히 멀다.

"美之與惡, 相去何若."
선과 악은 서로 얼마나 다른가?

> 未知者復怪問之, 欲知美惡相去近遠何如. 道與耶學近遠也, 今等耳. 美, 善也. 生故屬天, 惡死亦屬地也.

알지 못하는 이가 다시 물어서 미와 악이 얼마나 차이가 나는지 알고자 했다. 도와 삿된 학문사이의 차이와 같다. 미는 선하다는 뜻이다. 그러므로 (선은) 생과 마찬가지로 하늘에 속하고, 악과 사는 또한 땅에 속한다.

"人之所畏, 不可不畏, 莽[157]其未央."
사람들이 두려워하는 (죽음과 같은) 것을 두려워하지 않을 수 없다. (그러나) 속인들은 어리석어서 죽음에서 온전히 벗어나지 못한다.

> 道設生以賞善, 設死以威惡. 死是人之所畏也, 仙[158]士與俗人, 同知畏死樂生, 但所行異耳. 俗人莽莽, 未央脫死也. 俗人雖畏死, 端不信道, 好爲惡事, 奈何未央脫死乎! 仙士畏死, 信道守誡, 故與生合也.

---

[157] 왕필본과 하상공본에는 황(荒)으로 되어 있다. 유사한 뜻으로 굳이 다르게 해석할 필요가 없다. 거칠고 어리석다는 뜻이다.
[158] 본래 선자 뒤에 왕(王)자가 있다. 오부치 닌지는 왕(王)자를 연(衍)자로 보고 있다. 옳은 지적이다. 大淵忍爾, 五斗米道のについて教法(上), 東洋學報 49권, 332쪽.

도는 생명으로 선을 보상하고 죽음으로 악을 위협한다. 죽음
은 사람들이 싫어하는 것이다. 선사와 속인 모두 죽음을 두려
워하고 생명을 즐거워할 줄 안다. 다만 행하는 것이 다를 뿐
이다. 속인은 미혹되니 온전히 죽음을 벗어나지는 못한다. 속
인은 죽음을 두려워하지만 끝내 도를 믿지 못하고 즐겨 악한
일을 행하니, 어떻게 죽음에서 온전히 벗어날 수 있겠는가?
선사는 죽음을 두려워하여 도를 믿고 계를 지키기 때문에 생
과 합치된다.

"衆人熙熙, 若亨大牢,[159] 若春登臺."
세속의 사람들이 (악한 행위를) 즐거워하는 것이 마치 풍족한 음
식을 먹는 것과 같고 봄날 높은 대에 올라 경관을 감상하는 것과
같다.

 衆俗之人不信道, 樂爲惡事, 若飮食之, 春登高臺也.
 속인들이 도를 믿지 않고 즐겨 악행을 저지름이 마치 (맛있
 는) 음식을 먹는 것과 같고 봄에 높은 대에 오르는 것과 같다.

"我魄[160]未兆, 若嬰兒未孩,[161] 乘乘無所歸.[162]"

---

[159] 본래는 한(罕)자와 유사한 모양으로 되어 있다. 뢰(牢)자로 보아야 할 것이다. 본래 대뢰는 소, 양, 돼지를 모두 갖춘 제사를 가리킨다. 이곳에서는 그처럼 풍족한 음식을 의미한다.

[160] 구바오티엔 등은 백을 담백(淡泊)의 백(泊)자로 보고 있다. 10장에서는 '載營魄'의 백(魄)을 백(白)이라고 했다. 백은 정기 즉, 정액의 흰색을 지적한 것이다. 이곳의 백도 다르게 볼 이유가 없다. 즉, 생명의 씨앗인 정기가 아직 싹을 틔우기 전을 가리키는 말이라고 볼 수 있다. 혼백의 백이라고 보고 해석해도 별

나는 (방향성을 지니고 밖으로 움직이는 생명이) 아직 싹트지 않았다. 이는 마치 아이가 아직 웃기 전과 같고 북두성이 돌아갈 곳이 없는 것과 같다.

>我, 仙士也. 但樂信道守誡, 不樂惡事. 至惡事之間, 無心意, 如嬰兒未生時也.

>나는 선사다. (선사는) 다만 도를 믿고 계를 지키기를 좋아할 뿐, 악한 일을 좋아하지 않는다. 악한 일에 접해서도 마치 아이가 아직 태어나지 않았을 때처럼 마음에 일어나는 것이 없다.

"衆人皆有餘, 我獨若遺."
사람들은 누구나 마음에 악을 행하려고 하는 마음이 남아 있지만, 나만 홀로 (그런 마음의 일어남을) 버린 듯하다.

>衆俗之懷惡, 常有餘意, 計念思慮.[163] 仙士意中, 都遺忘之, 無所有也.

문제가 없다. 혼이 의식의 영역을 담당함에 반해 백은 무의식적인 부분 혹은 몸 (예를 들면 감관)의 기능을 담당하기 때문에 오히려 잘 어울리는 측면이 있다.
161 아이가 아직 웃지 않는 즉 세상일에 정감을 갖지 않을 때와 같다는 뜻으로 세상에 대해 마음을 일으키지 않는 것을 비유하는 말이다.
162 하상공본에서는 지쳐서 돌아갈 곳이 없다는 뜻의 '乘乘兮若無所歸'로 되어 있다. 기(魌)는 괴(魁)와 같다. 북두성을 가리킨다. 북두성은 그 자루 쪽이 사시에 따라 가리키는 방향이 다르고 이 때문에 일정한 질서를 부여하거나 그런 상징으로 믿어져 왔다. 이곳에서는 그와 같은 북두성이 방향을 지시하지 않는 즉, 지향점이 없다는 뜻으로 쓰인 것이다. 본래 도가 수양론에서는 자연의 무위에 처하지 않고, 마음이 일정한 방향성을 갖는 것을 경계했다. 이곳에서는 특히 악한 행위에 대해 마음을 일으키는 것을 경계하고 있다.
163 라오종이와 구바오티엔 등은 모두 '常有餘意計念思慮'로 두 구를 붙여 읽는다. 가능한 해석이기는 하지만, 마음에서 막 일어나는 의와 그런 의에 기반해서 특정한 대상을 획득하려고 사려하는 것은 다르므로 떼어 읽는 것이 자연스럽다.

속세의 사람들이 마음에 품고 있는 악은 늘 남아 있는 것이 있어, (그것을 얻기 위해) 계산하고 깊이 생각한다. 선사는 마음속에 있는 것을 모두 버려두고 잊어버리니 아무것도 있지 않다.

"我愚人之心純純."
나의 마음은 어리석은 이의 마음처럼 바보 같다.

  仙士味道, 不知俗事. 純純, 若癡也.
  선사는 도를 맛보았기 때문에 속된 일에 관심이 없다. 純純은 어리석다는 뜻이다.

"俗人照照."
속인은 (사리에) 아주 밝다.

  俗人不信道, 但見耶惡利得. 照照, 甚明也.
  속인은 도를 믿지 않고 다만 사악함과 이득만을 살핀다. 조조는 매우 밝다는 뜻이다.

"我獨若昏."
나만 홀로 어둡다.

  仙士閉心, 不思慮耶惡利得, 若昏昏冥也.
  선사는 (밖으로 향하는) 마음을 닫아걸고 사악함과 이득을 생각하지 않는다. 마치 밤이 어두운 것처럼 (그런 일에 대해서는) 알지 못한다.

"俗人察察."

속인은 밝고 밝다.

> 知俗事審明也.
>
> 속된 일에 대해서는 아주 잘 안다.

"我獨悶悶.¹⁶⁴"

나만 홀로 어리석다.

> 不知俗事也.
>
> 속된 일을 알지 못한다.

"忽若晦,¹⁶⁵ 寂¹⁶⁶無所止."

(다른 것과 섞이지 않고) 홀연함이 밤과 같으니 고요하여 속사에 뜻을 둠이 없다.

> 仙士意志道, 如晦思臥安牀, 不復雜俗事也. 精思止於道, 不止於俗事也.¹⁶⁷
>
> 선사가 도에 뜻을 둠은 마치 밤에 편안한 침상에 누워 잘 생각을 할 뿐, 속사에 얽매이지 않으려는 것과 같다. (선사는)

---

164 우매하다는 뜻이다.
165 하상공본에는 회(晦)가 해(海)로 되어 있다.
166 하상공본에는 표(漂)로 되어 있다. 상이주에는 㝱로 되어 있는데 라오종이는 이 자를 모두 적(寂)으로 교감하고 있다. 이에 따른다.
167 전통적인 도가 수양론에서는 정밀하게 생각하는 정사(精思) 자체를 금기시하는 경향이 있다. 사려는 생명력 그 자체라고 할 수 있는 신의 기능이므로, 지나치게 사려하는 것은 신을 피곤하게 만들기 때문이다. 그러나 상이주에 이르면 정사 자체에 대한 부정에서 악에 대한 정사를 부정하는 쪽으로 변모하게 된다.

도만을 정미하게 생각하고, 속된 일에는 마음을 두지 않는다.

"衆人皆有已, 我獨頑以鄙."

속인들은 모두 가지고 있는데 나만 우둔하고 비루하(여 속사에 마음이 없)다.

俗人於世間自有財寶功名, 仙士於俗如頑鄙也.

속인들은 세간에서 재화와 공명을 가지고 있지만 선사는 속사에 대해 우둔하고 비루한 이와 같다.

"我欲異於人, 而貴食母."

나는 사람들과 달라 식모를 귀하게 여긴다.

仙士與俗人異, 不貴榮祿財寶, 但貴食母. 食母者, 身也, 於內爲胃, 主五藏氣.[168] 俗人食穀, 穀絶便死. 仙士有穀食之, 無則食氣.[169] 氣[170]歸胃, 卽腸重囊也.[171] 腹之爲寶, 前章[172]已說之矣.

---

[168] 오장의 기는 수곡지기(水穀之氣)에서 얻어지고 수곡지기는 위를 통해서 얻어진다는 생각을 전제하고 있다. 외적인 욕망을 버리고,

[169] 선인이 곡식을 먹지 않는다는 관념은 『장자·소요유』편의 '막고야의 산에 신인이 거주하는데 …… 오곡을 먹지 않고 바람을 흡입하고 이슬을 먹는다.[藐姑射之山, 有神人居焉, 肌膚若氷雪, 綽約若處子 …… 不食五穀, 吸風飮露]'는 말이 가장 빠른 기록이다. 마왕퇴에서는 '卻穀食氣'라는 곡식을 끊고 기를 먹는 방식에 관한 문헌이 발굴되었다. 장자의 관념은 후대에도 이어졌던 것이다.

[170] 상이주에서 도는 기를 통해 세상에 참여하므로 실제로 기는 도와 같은 의미를 지닌다.

[171] 3장에서는 복을 도낭이라고 말했다. 장과 복의 차이는 없다고 보여 진다. 중은 중요하다 혹은 두 겹의 뜻으로 모두 해석될 수 있다. 상이주에는 두 개의 용례가 모두 있다고 볼 수도 있다. 기의 주머니와 곡식의 주머니의 두 주머니가 있다고 볼 수도 있으므로 중을 두 겹이라고 해석할 수도 있다. 26장 '重爲輕根, 靜爲躁君.'의 주에서는 '도인은 마땅히 스스로 정신을 중요하게 여겨야 한다.[道

선사는 속인과 달라 영화와 녹봉, 재산을 귀하게 여기지 않고 다만 식모를 귀하게 여긴다. 식모라는 것은 몸인데, 신체 내에서 (찾으면) 위에 해당하며, 오장의 기를 주관한다. 속인은 곡식을 먹으니 곡식을 끊으면 곧 죽는다. 선사들은 곡식이 있으면 먹고, (곡식이) 없으면 기를 먹는다. 기는 위로 가므로, 장은 (곡식과 기를 받아들이는) 두 겹의 주머니가 된다. 배가 보배가 된다는 것은 앞 장에서 이미 말했다.

人當自重精神]'고 말한다. 두 겹이라고 해석하는 것은 기와 곡식이 들어오는 것을 나눠서 말하는 것이 체계적으로 보이기 때문이다.

172 3장의 '聖人治, 靈其心, 實其腹'에 대한 주석을 말한다.

21장

> 앞에서는 도를 형용하고, 뒤에서는 선행이 생명의 근원이 됨을 밝히고 있다. 생명을 연못에 비유한 대목이 인상적이다. 몸은 제방에, 도정은 본래부터 있는 물에, 선행은 연못에 물을 대는 샘물에 비유되고 있다.

"孔德之容,[173] 唯道是從."
공자처럼 덕 있는 이도 오직 도를 따를 뿐이었다.

  道甚大, 敎孔丘爲知. 後世不信道文, 但上孔書, 以爲無上. 道故明之, 告後賢.

  도는 아주 커서 공자로 하여금 앎이 있게 하였다. 후대에는 도문을 믿지 않고 다만 공자의 서적만을 숭상하여 공자의 서적이 최고라고 하였다. 그래서 도가 (가르침을) 밝혀서 후대의 뛰어난 이들에게 알려주는 것이다.

"道之爲物, 唯慌唯惚."
도라는 것은 오직 황홀할 뿐이다.

  道微, 獨能慌惚不可見也.

---

[173] 15장에서는 용을 형상이라고 풀고 있다. '容, 形狀也.' 상이주에서 용은 모양의 뜻으로 주로 쓰인다. 이곳에서도 공자자신을 가리키는 말로 해석할 수 있다.

도는 은미하다. 다만 어렴풋하게 포착할 수 있을 뿐, 볼 수는 없다.

"慌惚中有物, 惚慌中有像,"
어렴풋한 가운데 사물이 있고, 형상이 있다.

> 不可以道不見故輕也. 中有大神氣, 故喩橐[174]籥.
>
> 도가 보이지 않는다고 경시해서는 안 된다. 황홀한 속에 위대한 신기가 있다. 그러므로 풀무의 바람상자와 피리에 비유하는 것이다.

"窈冥中有精."
깊고 어두운 가운데 정이 있다.

> 大除中也有道精, 分之與萬物, 萬物精共一本.
>
> 크게 치워진 속에 도정이 있어, 그것을 만물에 나누어 주니 만물의 정은 모두 하나의 뿌리에서 나온 것이다.

"其精甚眞,"
도의 정은 참으로 진실되다.

> 生死之官也,[175] 精其眞, 當寶之也.

---

[174] 라오종이는 낭(囊)으로 교감하고 있다. 라오종이의 책에 실려 있는 원문사진본으로는 囊인지 5장에 나오는 탁약(橐籥)의 탁인지 확연하게 구분이 되지 않는다. 맥락상 낭보다는 탁이 와야 맞다. 탁약은 5장에서도 정확하게 포착되지 않는 도를 형용하는 것으로 설명되고 있기 때문이다. 이곳의 주석은 5장을 염두에 두고 있음에 틀림없다. 탁약으로 교감해둔다.

생사가 그것에 달려있다. (도정은) 사람의 생사를 결정하는 관원으로 참으로 진실되다. 마땅히 보배로 여겨야 한다.

"其中有信."

그 속에 믿음이 있다.

> 古仙士寶精以生, 今人失精以死, 大信也. 今但結精, 便可得生乎, 不也, 要諸行當備. 所以精者道之別氣也, 入人身中爲根本, 持其半,[176] 乃先言之.[177] 夫欲寶精, 百行當備, 萬善當著, 調和五行, 喜怒悉去. 天曹左契,[178] 算[179]有餘數, 精乃守之. 惡人寶

[175] 고대 중국인들이 이승이 아닌 저승에도 일종의 관직이 있다고 생각했다는 것은 앞의 17장 주석에서도 말했다. 도정은 단순한 저승의 관원이 아닌 우리 몸속에 들어 있는 것으로 묘사되어 있다. 후대에 사람들의 잘잘못을 하늘에 알렸다고 하는 삼시충의 먼 원류일 가능성이 있다.

[176] 『소문·상고천진론』에 참고할 대목이 있다. "그 정을 없애고, 진을 흩으며, 가득한 상태로 유지할 줄 알지 못하고 때에 맞게 신을 부린다.[以欲竭其精, 以耗散其眞, 不知持滿, 不時御神]" 이곳의 지만(持滿)은 정을 가득한 상태로 유지한다는 뜻이다. 지만을 지기반(持其半)과 견주어보면 지기반(持其半)이 정을 반 정도 유지하는 것임을 알 수 있다. 이런 표현은 당시의 상투어에 속했기 때문에 위와 같이 간단히 표현했을 것이다.

[177] '所以精者道之別氣也'은 문법에 맞지 않는다. 문장을 축약했기 때문이다. 소이부터 이 부분까지도 문맥에 맞지 않는다. 정을 잃지 않는 것에 더해 선행을 해야한다는 말을 하는 사이에 앞의 논의를 보완하기 위해 덧붙여 기술해 둔 것으로 보인다.

[178] 구바오티엔은 좌계가 선행을 닦은 이들의 명부이고 우계는 악행을 닦은 이들의 명부라고 하고 있다. 정확한 견해다. 34장에서는 '도계를 준수하는 이는 좌계에 두고 따르지 않는 이는 우계에 둔다.[敎人以誠愼者宜左契, 不誠愼者置左契]'고 하고 있고, 31장에서도 '故吉事尙左, 喪事尙右.'의 주석에서 '좌우의 계를 말한다.[左右契也]'고 하고 있기 때문이다. 보다 강력한 증거는 24장에 보인다. 이곳에서는 '천조에서 죄가 이루어지면 우계가 아직 이르기 전인데도 곤궁하게 되고 다시는 나머지가 없다.[罪成結在天曹, 右契無到而窮, 不復在餘也]'고 말한다. 어쨌든 계약의 개념을 사용하는 것으로부터 그 배후에 하늘과의 계약관계를 전제하고 있음을 알 수 있다. 오두미도에서 행했다고 알려진 삼관수서

精, 唐[180]自苦終不居, 必自泄漏也. 心應規製萬事,[181] 故號明堂. 三道[182]布陽耶陰害, 以中正度道氣. 精並[183]喩像池水, 身爲池堤封, 善行爲水源. 若斯三備, 池乃全堅. 心不專善, 無堤封, 水必去. 行善不積, 源不通, 水必燥干. 決水漑野, 渠如溪江, 雖堤在, 源流[184]泄, 必亦空, 岢燦炘裂, 百病並生. 斯三不愼, 池爲空坑也.

옛날의 선사는 정을 보배로 여겨 살 수 있었는데, 오늘날의 사람들은 정을 잃어서 죽는다. 이것이 (정이 생사를 결정하

즉, 천, 지, 수의 삼관에게 죄를 짓지 않을 것을 맹세하는 글을 썼다는 것에서도 그런 계약관계의 관념을 엿볼 수 있다.

179 본래의 자는 笇다. 27장 '善言無瑕謫'의 주에서는 '도를 비난하고 악한 말을 하면 하늘이 곧 산을 빼앗는다.[人非道言惡, 天輒奪算]'고 말하고 있다. 산은 일종의 수명으로 紀도 같은 의미로 쓰인다. 기와 산은 문헌에 따라 다르기는 하지만, 갈홍에 따르면 300일과 3일이다. "기는 300일의 수명이고…… 산은 수명 중 3일이다.[紀者, 三百日也…… 算者, 三日也](『抱朴子·微旨』)"

180 무의미하고 공연(空然)하다는 뜻이다. 『장자·전자방』에서 공자는 자신의 구체적인 행실을 따르는 것을 옳다고 여기는 안회에게 그것이 잘못임을 말하는데, 그 대목에 공의 뜻으로 쓰인 당의 용례가 보인다. "그런 것들은 이미 없어졌는데도, 네가 좇아 그것이 있다고 하니 이는 텅 빈 시장에서 말을 구하는 것과 같다.[彼已盡矣, 而女求之以爲有, 是求馬於唐肆也]"

181 15장 '散若冰將汋.'의 주에서는 '정욕, 사려, 희노, 악사는 도가 바라지 않는 것으로 마음으로 규제하고자 하면 곧 제어하여 흩어지기를 마치 해가 비치면 얼음이 흩어지듯이 해야 한다.[情欲思慮怒喜惡事, 道所不欲. 心欲規之, 便卽製止解散, 令如冰見日散汋]'고 말하고 있다.

182 확신할 수는 없지만, 고대 군사이론상에 보이는 正道, 奇道, 伏道에서 연유한 마음의 길로 보인다. 宋蘇洵, 『權書·攻守』 "공격하는 이에게는 세 가지의 방법이 있고, 지키는 이에게도 세 가지의 방법이 있다. 하나를 정이라 하고 둘을 기라고 하며 셋을 복이라고 한다.[攻者有三道焉, 守者有三道焉. 三道：一曰正, 二曰奇, 三曰伏]" 27장 "善閉無關鍵不可開."의 주에도 '心三川, 陽耶陰害, 悉當閉之勿用'이라고 해서 유사한 표현이 보인다.

183 본래 나란히 한다는 뜻이지만, 뒤의 유자와 호응하여 비유하다는 뜻으로 쓰였다.

184 원자는 류(沊)이다. 앞의 15장에서도 같은 예가 있었다.

는 기관이라는) 분명한 징험이다. 그런데 이제 다만 정을 모아두기만 해도 곧 살 수 있는가? 그렇지 않다. 모름지기 모든 행실을 갖추어야 한다. (그런데도 정을 먼저 말한) 이유는 정은 도의 별기로 몸에 들어와 근본이 되므로 (정을 잃지 않는 것만으로도) 생명의 반은 유지할 수 있기 때문이다. (그래서) 먼저 말한 것이다. 무릇 보정하기 위해서는 마땅히 온갖 행실을 닦아서 선을 드러내야 하고, 오행을 조화시켜 희로의 감정을 모두 없애야 한다. 천조의 좌계에 기록되어 있는 산에 남음이 있으면 정은 지킬 수 있다. 악인은 보정한다고 해도 공연히 수고로울 뿐 끝내 정이 머무르지 않고 반드시 새나갈 것이다. 마음은 응당 온갖 일을 규제하므로 명당이라고 불린다. 마음은 세 가지 방법으로 공연한 사특함과 은밀한 해로움을 펴기도 하고 중정의 조화로운 마음으로 도기를 헤아리기도 한다. 정은 비유하자면 연못의 물과 닮았고 몸은 연못의 제방과 선행은 물의 근원과 닮았다. 이 셋을 갖추면 연못은 아주 견고하게 된다. 마음이 온전히 선하지 않고 제방이 없으면, 물은 반드시 사라진다. (몸 즉, 제방은 있더라도) 선을 행해 덕을 쌓지 않으면 근원이 통하지 않아 물은 반드시 마르게 된다. 물을 터서 들을 개간하면 도랑이 연못과 강처럼 될 것이다. 비록 제방이 있다고 해도 근원이 새서 반드시 연못이 비게 될 것이다. 제방이 갈라져 터지면, 온갖 병이 생기게 된다. 타고난 도정과 제방으로서의 몸 그리고 물의 근원이랄 수 있는 선행의 셋을 조심하지 않으면 연못은 텅 빈 구덩이가 될 것이다.

"自古及今, 其名不去."
예로부터 오늘날에 이르기까지 그 이름은 사라지지 않았다.

> 古今常共此一道, 不去離人也.
> 예로부터 오늘에 이르기까지 늘 이 하나의 도를 공유하였으니, 도는 사람을 떠난 적이 없었다.

"以閱終甫."
끝과 시작(이 반복됨)을 보았다.

> 道有以來, 更閱終始, 非一也. 甫者, 始也.
> 도가 있은 이래로 마치고 시작함을 살펴보면 한 번뿐이 아니었다. (즉, 세상은 계속되는 시종의 연속이었다.) 보는 시작이라는 뜻이다.

"吾何以知終甫之然, 以此."
내가 어떻게 시종이 이러함을 알았겠는가? 바로 이 때문이다.

> 吾, 道也. 所以知古今終始共此一道, 其事如此也.
> 나는 도다. 고금의 시작과 끝이 모두 이 하나의 도에서 말미암은 것은 그 일이 이와 같기 때문이다.

22장

> 도의 가르침을 추구하는 와중에 겪을 고난을 언급한 후, 그런 고난이 과정 중의 것에 불과함을 말했다. 이어서 자신을 드러내지 않기 때문에 후에 바르게 될 수 있음을 말하고 있다.

"曲則全."

굽으면 온전하게 된다.

> 謙也. 月謙先曲後全明. 學道反俗, 當時如曲不足也, 後亦全明.[185]

겸손해야 한다는 뜻이다. 달은 겸손하므로 먼저 이지러졌다가 뒤에야 완전히 밝아진다. 도를 배우는 것은 속사에 반하(여 세속적인 성취를 추구하지 않으)므로 (도를) 배울 때는 굽어서 부족한 듯해도 뒷날에는 또한 완전히 밝아진다.

"枉則正."

굽으면 바르게 된다.

> 枉亦曲也, 曲變則正. 學道反俗, 獨自勤苦. 當時如相侵枉也, 後

---

[185] 본래 이 구절은 퇴양과 인순을 통한 무탈한 삶의 추구라는 도덕경의 핵심사상을 보여주는 것이지만, 이곳에서는 처음에 도를 익히기 시작하는 오두미도교인들을 염두에 두고 하는 말로 바뀌었다.

致正.

왕도 곡과 같다. 굽은 것이 변하여 바르게 된다. 도를 익히는 것은 속사에 반하므로 홀로 고달프다. 당시에는 함께 굽히는 듯 하지만 후에는 똑바로 선다.

"窪[186]則盈."

텅비면 찬다.

謙虛意也. 行無惡, 其處空. 道喩水, 喜歸空. 居惡處, 便爲善, 炁歸滿故盈.

겸손하고 자신을 비운다는 뜻이다. 악을 행하지 않으면 (도가 머무는 마음의) 처소가 비워지게 된다. 도는 물과 같아서 빈 곳으로 돌아가길 좋아한다. (사람들이) 싫어하는 곳에 머무는 것이 곧 선이다. (빈 곳에는) 기가 꽉 차게 되므로 그득해진다.

"弊則新."

헤지면 새로워진다.

物弊變更新, 學道羸弊, 後更致新福也.

사물은 헤지면 변해서 다시 새로워진다. 도를 익히면 허약하고 빈곤했던 이들이 다시 새로운 복을 받는다.

---

[186] 본래의 자는 규(窐)다. 하상공본과 왕필본에는 와(窪)로 되어 있다. 맥락상 비었다는 뜻이 되어야 한다.

"少則得, 多則或."

적으면 얻게 되고 많으면 미혹된다.

> 陳力殖穀, 裁令自足, 天與之, 無基考[187]可得福. 多望不止則或, 或耶歸之也.

> 힘을 다해서 곡식을 심고 가꾸면서 자족하면 하늘이 내려주니, 본래 바라지 않았어도 복을 얻을 수 있을 것이다. (그러나) 그치지 않고 많이 바라면 미혹된다. 미혹되면 사특함이 들어오게 된다.

"是以聖人抱一爲天下式."

이런 까닭으로 성인은 '一'을 안아서 천하의 법도가 된다.

> 一, 道也. 設誡, 聖人行之爲抱一也. 常敎天下爲法式也.

> 일은 도다. (도가) 계를 폄에 성인이 그것을 행하는 것을 포일이라고 한다. 항상 천하 사람들로 하여금 계를 본받게 해야 한다.

"不自是故章."

자신을 옳다고 하지 않으므로 밝게 드러난다.

> 明者樂之, 就誠敎之. 不樂者, 墨以不言. 我是若非, 勿與之爭也.[188]

---

[187] 구 바오티엔 등은 '복을 얻을 생각을 하다.'라는 뜻으로 해석하고 있다. 가(可)의 의미를 살리기 위해서는 바라지 않았지만, 복을 얻을 수 있다고 해석하는 편이 나아 보인다.

[188] 속으로 나는 옳고 상대는 그르다고 하면서 다투지 않아야 한다는 해석이 가능

지혜로운 이는 도를 좋아하므로, 그에게 가서 도계의 가르침을 준다. 좋아하지 않는 이에게는 조용히 하고 말해주지 않는다. 나는 옳고 네가 그르다고 하면서 더불어 다툴 것이 없다.

"不自見故明."
자신을 드러내지 않기 때문에 밝아진다.
>聖人法道, 有功不多, 不見德能也.
>성인은 도를 본받아 공이 있어도 자랑하지 않고 자신의 덕과 능력을 내비치지 않는다.

"不自伐[189]故有功."
자신을 해치(는 악한 일을 하)지 않기 때문에 공덕이 있다.
>惡者伐身之斧也. 聖人法道不爲惡. 故不伐身, 常全其功也.
>악은 자신을 해치는 도끼다. 성인은 도를 본받고 악을 행하지 않는다. 그러므로 자신을 해치지 않고 항상 그 공덕을 온전히 한다.

"不自矜故長."
자신을 드러내지 않기 때문에 장수할 수 있다.
>聖人法道, 但念積行, 令身長生. 生之行, 垢辱貧羸, 不矜傷身,

하다. 구바오티엔은 이런 해석을 선택했다. 그러나 본문에서 자신을 옳다고 하지 않는다고 했으므로 속으로라도 자신이 옳다고 생각했다고 보기는 어렵다.
[189] 본래 왕필본과 하상공본에서는 자신을 자랑한다는 뜻으로 해석하고 있다.

以好衣美食與之也.

성인은 도를 본받아 다만 선을 쌓아 장생할 생각만을 한다. 생도를 추구하는 삶이 욕되고 가난해도 자신을 드러내서 몸을 해치지 않고, 좋은 옷과 음식을 사람들과 함께 나눠 갖는다.

"夫唯不爭, 故莫能與爭."
다투지 않기 때문에 누구도 다툴 수 없다.

聖人不與俗人爭, 有爭, 避之高逝. 俗人如何能與之共爭乎?

성인은 속인들과 다투지 않고 다툼이 있으면 피하여 높은 곳으로 가버린다. 속인이 어찌 (성인과) 다툴 수 있겠는가?

"古之所謂曲則全, 豈虛語. 故成全而歸之."
옛날의 굽히면 온전해진다는 것이 어찌 헛된 말이겠는가. 그러므로 (뒤에는) 온전하게 되어, (그 자신에게로) 돌아온다.

謙曲後全, 明非虛語也. 恐人不解, 故重申示之也.

겸손하고 굽힌 후에 온전해진다는 것은 분명 헛된 말이 아니다. 사람들이 이해하지 못할까 걱정해서 거듭 밝혀 보인 것이다.

23장

> 마음을 청정하게 유지해야 함을 폭우와 같은 기상이 오랫동안 지속될 수 없음에 빗대어서 설명하고 있다. 이어서 언제나 도와 함께 해야 자연스럽게 복을 받을 수 있음을 말하고 있다.

"希言自然."
말을 적게 하면 도와 같이 된다.

> 自然, 道也. 樂淸靜. 希言入淸靜, 合自然, 可久也.
> 자연은 도를 말한다. (도는) 청정한 것을 좋아한다. 말을 적게 해서 청정의 상태에 들어가면 자연 즉, 도와 합치되므로 장수할 수 있다.

"飄風不終朝, 趍雨[190]不終日."
회오리바람은 아침 내내 불지 못하고 폭우는 하루 종일 내리지 않는다.

> 不合淸靜自然, 故不久竟日也.
> 청정한 도에 합치되지 않기 때문에 오래 지속되지 못하고, 끝나버리고 만다.

---

190 왕필본과 하상공본에는 취우(驟雨)로 되어 있다. 폭우라는 뜻이다.

"孰爲此, 天地."

누가 이런 것들을 만들겠는가? 천지다.

> 孰, 誰也. 天地爲飄風趍雨, 爲人爲誡. 不合道, 故令不久也.
>
> 숙은 누구라는 뜻의 수와 같다. 천지는 회오리바람과 폭우를 내어 사람들에게 (다음과 같은 것을) 경계한다. '도에 합치되지 않기 때문에 오랫동안 지속되지 못하게 만드는 것이다.'

"天地尙不能久, 而況於人."

천지도 오랠 수 없거늘 하물며 사람에 있어서랴.

> 天地尙不能久, 人欲爲煩躁之事, 思慮耶計, 安能得久乎?
>
> 천지조차도 오랠 수 없거늘 사람이 번거로운 일을 하려하고 사특한 생각을 한다면 어떻게 오랫동안 지속할 수 있겠는가?

"故從事而道, 得之."

그러므로 일을 행함에 도와 같이 하면, 성취할 수 있다.

> 而, 如也. 人擧事令如道, 道善欲得之. 曰自然也.
>
> 이는 같다는 뜻이다. 사람들이 일을 행함에 도와 같이 하면 도가 선하게 여겨 일을 성취할 수 있게 한다. (그렇게 해서 일이 되는 것을) 저절로 되었다고 한다.

"同於德者, 德得之."

덕에 합치되는 사람은 덕이 일을 성취하게 해준다.

> 人擧事與德合, 德欲得之也.

사람이 일을 행함에 덕과 합치되면, 덕은 일이 성취되기를 바란다.

"同於失者, 道失之."
도를 놓치면 도도 그를 놓친다.

  人擧事不懼畏道誡, 失道意, 道卽去之. 自然如此.
  사람이 일을 행함에 도계를 두려워하지 않고 도의를 잃으면 도는 곧 떠난다. 본래 그러함이 이와 같다.

"信不足, 有不信."
믿음이 부족하면 불신이 생겨난다.

  前章已說之也.
  앞 장에서 이미 말했다.

24장

> 두 가지를 말하고 있다. 첫째는 청정한 상태를 유지해야 한다는 것이다. 둘째는 제사에 대한 비판이다. 제사 자체를 부정하는 것은 아니다. 다만, 지나친 제사를 비판할 뿐이다.

"喘者不久."

헐떡이면서 호흡하면 오랫동안 호흡할 수 없다.

> 用氣喘息, 不合淸靜, 不可久也.
>
> 기를 운행함에 헐떡거리면 청정함에 합치되지 않으니 오래갈 수 없다.

"跨[191]者不行."

큰 걸음으로 가면 멀리 갈 수 없다.

> 欲行千里, 一步而始, 積之以漸. 今大跨而立, 非能行者也. 不可久也.
>
> 천리를 가려면 첫걸음부터 시작해서 걸음을 쌓아 점차 나아가야 한다. 이제 성큼성큼 뛰어가다가 (지쳐서) 쉬는 것은, 멀리 가는 방법이 아니다. 오래 갈 수 없다.

---

191 발걸음을 크게 떼는 것이다.

"自見不明, 自是不彰, 自饒無功, 自矜不長."

스스로 자신을 내보이면 현명하지 못하고, 자신을 옳다고 하면 자신이 드러나지 않으며, 자신을 과시하면 공덕이 없고, 스스로 자부하면 오랠 수 없다.

  復解前章[192]之意耳.

  앞 장의 뜻을 다시 풀이한 것에 불과하다.

"其在道."

그것은 도에 있다.

  欲求仙壽天福, 要在信道, 守誡守信, 不爲貳過.[193] 罪成結在天曹, 右契[194]無到而窮, 不復在餘也.

  신선의 수명과 천복을 얻고자 하면 그 요체는 신도, 수계, 수신, 죄를 다시 짓지 않음에 있다. 죄가 천조에서 이루어지면 우계가 이르지 않아도 다하고 결코 남음이 없다.

---

192 22장을 말한다. 바로 앞의 장을 주석에서 전장이라고 해서 언급하는 것은 이 문헌이 한사람에 쓰였을 가능성을 높여준다. 장릉으로부터 장로에 이르는 시기에 천천히 성립되었다는 설은 받아들이기 어렵다.
193 오두미도교인이 된 이는 자신의 잘못과 앞으로 잘못을 되풀이 하지 않겠다는 맹세를 적어서 천, 지, 수에 맹세했다고 한다. 이곳의 잘못을 되풀이 하지 않는다는 주석은 이와 같은 종교적 의례와 연관된 말이다.
194 앞의 21장에서 설명한 것과 같다. 좌계는 선행에 따른 상으로서 장수와 복을 우계는 악행에 대한 처벌로서 수명의 감소 등을 기록한 장부다. 악행을 행했으므로 우계에서 수명이 모두 감산되었다는 뜻이다.

"曰餘食餟[195]行, 物有惡之."

사람들 중에는 제사를 지내고 남은 음식과 제기를 싫어하는 이가 있다.

> 行道者生, 失道者死. 天之正法, 不在祭餟禱祠也. 道故禁祭餟禱祠, 與之重罰, 祭餟與耶通同, 故有餘食器物, 道人終不欲食用之也.

> 도를 행하는 이는 살고, 도를 잃는 이는 죽는다. 하늘의 바른 법은 연속해서 제사지내고 기도하여 복을 구하는데 있지 않다. 그러므로 도는 제사와 기도를 금하고 (연이어 제사를 지내는 이에게는) 큰 벌을 내린다. 제사를 연이어 지내는 것은 사도와 같다. 그러므로 (제사를 지내고 남은) 나머지 음식과 제기가 있다고 해도, 도인은 끝내 그것을 먹거나 사용하려 하지 않는다.

"故有道不處."

그러므로 도를 지닌 이는 (제사를 지내는 곳에) 머물지 않는다.

> 有道者不處祭餟禱祠之間也.

> 도를 지니고 있는 이는 연속해서 제사지내고 기도를 드리는 곳에 머물지 않는다.

---

[195] 철(腏)과 같다. 연속으로 제사지낸다는 뜻이다. 하상공본에는 췌(贅)로 되어 있다. 후한 대에는 제사가 성행했고 그로 인해 많은 폐단이 있었기 때문에 제사를 비판하고 있는 것이다.

25장

> 우주발생론의 측면에서 도의 위대함을 찬미하고, 그런 도가 마음속에서 떠날 수 있음을 지적하고 있다. 도는 만물의 시작이자, 생명의 근본으로서 마음에 거주한다.

"有物混成, 先天地生. 寂漠[196]獨立不改,[197] 周行不殆, 可以爲天下母."

어떤 것이 혼돈 속에서 이루어져 천지보다 앞서 생겨난다. 적막한 가운데 홀로 서서 변하지 않고 두루 운행하여 위태롭지 않으므로 천하의 어미가 될 만하다.

> 歎無名大道之巍巍也, 眞天下之母也.
>
> 이름 부칠 수 없는 높고 높은 위대한 도가 참된 천하의 어미임을 탄미한 것이다.

"吾不知其名, 字之曰道."

나는 (이토록 위대한 나) 자신의 이름을 알지 못한다. 단지 자를 붙여 도라고 할 뿐이다.

---

[196] 본래는 家豖漠의 석 자로 되어 있다. '豖'는 앞에서도 적(寂)자 대신에 쓰인 용례가 있으므로 적으로 보면 된다. 그러나 家는 불필요하다. 잘못 들어간 자다.
[197] 불개(不改)는 생멸과 같은 변화를 겪지 않는다는 뜻이다.

吾, 道也. 還歎道美, 難可名字, 故曰道也.

오는 도이다. 도의 위대함으로 인해, 이름 부치기 어려워 '길'이라고 부른 것을 다시 탄미한 것이다.

"吾强爲之名曰大."

나는 억지로 도를 이름하여 '크다'고 한다.

言道甚大. 言强者, 恐不復不能副其德也.

도가 매우 큼을 말한 것이다. '억지로'라고 말한 까닭은 반복하지 않으면 그 덕에 부합할 수 없을까 두려워하기 때문이다.

"大曰逝."

크면 갈 것이다.

逝, 去也. 大神無能製者, 便立能去之也.

서는 간다는 뜻이다. 위대한 신은 제어할 수 없으니 곧 떠날 수 있다.

"逝曰遠."

가면 멀어질 것이다.

翕然[198]便能遠去也.

문득 멀리 갈 수 있다.

---

[198] 흡연(翕然)은 홀연(忽然)과 같은 의미다.

"遠曰反."

멀어지면 돌아올 것이다.

> 翕然便能還反也.
>
> 갑자기 돌아올 수 있다.

"道大, 天大, 地大, 生¹⁹⁹大."

도가 크고 하늘이 크며 땅이 크고 생명이 크다.

> 四大之中, 何者最大乎? 道最大也.
>
> 사대 중 무엇이 가장 큰가? 도가 가장 크다.

"域中²⁰⁰有四大, 而生處一."

천지에 네 가지 큰 것이 있는데 생이 그 중 하나다.

> 四大之中, 所以令生處一者, 生, 道之別體也.
>
> 생을 사대 중의 하나로 둔 것은 생이 도의 다른 존재양상이기 때문이다.

"人法地, 地法天, 天法道, 道法自然."

사람은 땅을 본받고 땅은 하늘을 본받으며 하늘은 도를 본받고 도는 자연을 본받는다.

---

199 하상공본에는 왕(王)으로 되어 있는 것을 상이주에서 생(生)으로 고쳤다. 상이주의 정체성을 드러내는 의도적 수정이다.

200 하상공본에서는 팔극(八極)의 안이라고 주를 달고 있다.

自然者, 與道同號異體. 令更相法, 皆共法道也. 天地廣大, 常法道以生, 況人可不敬道乎.

자연이라는 것은 도와 이름이 같지만, 나타나는 모양이 다를 뿐이다. 서로 본받되 (끝내는) 모두 함께 도를 본받는다. 천지는 광대하나 늘 도를 본받아서 사는데, 하물며 사람이 도를 공경하지 않을 수 있겠는가?

26장

> 도인과 통치자의 철학에 대해 말하고 있다. 청정함으로써 가벼이 행동하지 않아야 한다는 것이 주된 내용이다.

"重爲輕根, 靜爲躁君."
무거움은 가벼움의 뿌리이고 고요함은 조급함의 주인이다.

    道人當自重精神, 淸靜爲本.

    도인은 마땅히 스스로 정신을 무겁게 하고 청정을 근본으로 삼아야 한다.

"是以君子終日行, 不離輜重."
이런 까닭으로 군자는 하루 종일 길을 가면서도, 치중에서 떠나지 말아야 한다.

    重精神淸淨, 君子輜重也, 終日行之, 不可離也.

    정신의 청정함을 중시하므로 군자는 치중에서 종일토록 길을 가더라도 (지루하다 하여 치중을) 떠나서는 안 된다.

"雖有榮觀, 燕處超然."
비록 (천자왕공의 행차가) 화려한 볼거리가 있어(사람들이 우러러 보아)도 한가로이 대처하면서 초연해야 한다.

天子王公也, 雖有榮觀, 爲人所尊, 務當重淸靜, 奉行道誡也.

천자왕공은 비록 (자신들의 행차에) 화려한 볼거리가 있어 사람들이 우러러 보아도 청정에 힘쓰고 도계를 받들어 행해야 한다.

"如何萬乘之主, 以身輕天下."
어찌 만승의 군주가 몸을 가벼이 할 수 있겠는가?

天子乘人之權, 尤當畏天尊道. 設誤意自謂尊貴, 不復懼天道, 卽爲自輕其身於天下也.

천자라는 지위는 사람들 위에 설 수 있는 권한이 있지만 의당 하늘을 더욱 두려워하고 도를 높여야 한다. 만약 오해하여 스스로를 존귀하다 생각하면서 천도를 두려워하지 않는다면 (그것은) 곧 천하에 대해 스스로 자신을 가볍게 만드는 것이다.

"輕則失本, 躁則失君."
가벼우면 근본을 잃고 조급하면 임금됨을 잃는다.

輕躁多違道度, 則受罰辱, 失其本身, 亡其尊推矣.

가볍고 조급한 것은 도의 기준에 어긋남이 많으니, (가볍고 조급하면) 벌을 받고 욕을 당하며, 그 근본을 잃고 추존 받음을 잃는다.

27장

> 선한 행위를 통해 생명을 얻을 수 있다는 것과 그처럼 선한 행위를 하기 위해서는 굳게 마음을 먹어야 한다는 것을 말했다. 더불어 도계의 가르침을 사람들에게 전달하는 것에 관해 말한 후, 선인과 악인이 모두 공부의 본보기가 될 수 있음을 언급하고 있다.

"善行無徹跡."[201]

선행을 행하면, (하늘에서 악행에 대해 내리는) 견책이 없다.

    信道行善, 無惡跡也.

    도를 믿고 선을 행하면 악의 흔적이 없다.

"善言無瑕讁."[202]

좋은 말을 하면, 허물이 없다.

    人非道言惡, 天輒奪算. 今信道言善, 教授不耶, 則無過也.

    도를 비난하고 악한 말을 하면 하늘은 곧 산을 빼앗는다. 이제 도를 믿고 선한 말을 하고 가르침이 사특하지 않으면 잘못

---

[201] 구바오티엔 등은 길을 잘 가면 흔적을 남기지 않는다는 뜻으로 해석했는데 주석과 어울리지 않는다. 아래 글을 고려하면, 자취는 악행에 대해 하늘이 내리는 견책 즉, 우계에 실린 악행의 기록으로 보아야 할 것이다.
[202] 본래는 적(適)으로 되어 있고, 하상공본에는 적(讁)으로 되어 있다. 견책, 나무람의 뜻이다.

이 없다.

"善計不用籌算."²⁰³

계산을 잘하면 주판을 사용할 필요가 없다.

> 明計者心解, 可不須用算. 至心信道者, 發自至誠, 不須旁人, 自勸.

> 계산에 밝은 사람은 마음으로 풀기 때문에 주판을 사용할 필요가 없다. 지극한 마음으로 도를 믿으면 지극한 정성스러움에서 일어나므로 옆 사람이 (권면할) 필요 없이 스스로 힘쓴다.²⁰⁴

"善閉無關鍵不可開."

잘 닫아걸면 빗장이나 자물통이 없어도 열 수 없다.

> 心三川,²⁰⁵ 陽耶陰害, 悉當閉之勿用. 中道爲正, 至誠能閉耶誌者, 雖無關鍵, 永不可開. 不至誠者, 雖有關鍵, 猶可開也.

> 마음에는 세 개의 길이 있어 그로부터 양사와 음해가 나온다. 이 모든 것을 닫아걸어서 쓰지 말아야 한다. 중도가 옳다. 지

---

203 백서본과 하상공본에는 주책(籌策)으로 되어 있다. 주판처럼 계산할 때 사용하는 대쪽을 말한다. 상이주에서는 책자가 筭으로 되어 있는데 이 자는 산(算)과 같다.

204 후대의 공과격에서는 악행과 선행에 따른 수명의 가감을 기록하도록 하고 있는데, 지극한 마음으로 선을 행하면 그런 계산을 할 필요가 없다는 뜻이다.

205 21장에도 '心應規製萬事, 故號明堂. 三道布陽耶陰害'라고 해서 유사한 쓰임이 보인다. 앞에서 말한 것처럼 고대 군사이론상에 보이는 正道, 奇道, 伏道일 가능성이 높아 보인다.

성으로 사특한 마음을 닫아걸 수 있으면 비록 자물쇠가 없다 해도 영영 열 수 없다. 지극히 정성스럽지 않으면, 자물쇠가 있어도 열 수 있다.

"善結無繩約不可解."
잘 묶어두면 끈으로 묶어 놓지 않아도 풀 수 없다.

> 結志求生, 務從道誡. 至誠者爲之, 雖無繩約, 永不可解. 不至誠者, 雖有繩約, 猶可解也.[206]

마음을 먹고 생명을 도모하려면 힘써 도계를 따라야 한다. 지극한 정성으로 행하는 이들이 이를 행하면 끈으로 묶어 놓지 않아도 (단단하게 굳힌 마음을) 영영 풀어낼 수 없다. 지성으로 하지 않는 이들은 묶어 놔도 풀릴 수 있다.

"是以聖人常善救人, 而無棄人."
이런 까닭으로 성인은 늘 사람을 잘 구원해주고 버리지 않는다.

> 常爲善見惡人不棄也. 就往敎之, 示道誡. 儻[207]其人不化, 不可如何也.

악인을 늘 선하게 바라보아서 버리지 않는다. 가서 가르쳐 도계를 보여준다. 그 사람이 교화되지 않으면 어쩔 수 없다.

---

206 상이주가 대중적인 서적이라는 것이 잘 드러나는 부분이다. 도를 추구하는 과정에서 발생할 수 있는 인간적인 갈등과 고민을 세밀하게 기술하고 있다. 굉장히 구체적이면서도 실제적인 문헌이다.
207 본래는 직언이라는 뜻의 당(讜)으로 되어 있다. 문맥상 '혹시'라는 뜻의 당(儻)으로 봐야 할 것이다.

"常善救物, 而無棄物."

늘 다른 것들을 잘 구원해야 하고 포기해서는 안 된다.

> 與上同義也.
>
> 위의 구절과 같은 뜻이다.

"是謂襲明."

이것을 두고 언제나 밝다고 한다.

> 襲, 常明也, 能知此意明明也.
>
> 습은 늘 밝다는 뜻이다. 이 뜻을 알 수 있으면 밝고도 밝을 것이다.

"善人不善人師."

착한 사람은 착하지 않은 사람의 스승이다.

> 不善人從善人學善, 故爲師. 終無善人從不善人學善也.
>
> 선하지 않은 이들은 선한 이들을 따라 선을 익히기 때문에 스승이 된다. 선인이 착하지 않은 이로부터 선을 배우는 경우는 결코 없다.

"不善人善人之資."

착하지 않은 이는 착한 이의 본보기가 된다.

> 善人無惡, 乃以惡人爲資. 若不善人見, 人其惡不可, 善人益自勤勸.
>
> 선인은 악이 없고 악인을 (반성의) 근거로 삼는다. 만약 선하지 않은 이가 사람들이 해서는 안 된다고 생각하는 악을 드러

내면, 선인은 (이를 보고) 더욱 권면한다.

"不貴其師, 不愛其資, 雖知大迷."
그 스승을 귀하게 여기지 않고 (악인과 같은 반성의) 본보기를 아끼지 않는다면 비록 안다고 해도 크게 미혹될 것이다.

> 不善人不貴善人, 善人不以惡人自改, 皆爲大迷也.
> 선하지 않은 이들이 선한 이들을 귀하게 여기지 않는 것과 선한 이들이 악한 이들을 본보기로 삼아 자신을 고치지 않는 것은 모두 크게 미혹된 일이다.

"此謂要妙."
이것을 미묘한 요체라고 한다.

> 明知此甚要妙也.
> 이것이 매우 중요하고 미묘함을 분명하게 알아야 한다.

28장

> 도정을 지켜야 한다는 것, 청정하고 상황에 순응해야 한다는 것, 속사를 버려두고 도를 추구해야 함을 두루 말하고 있다. 사후에 도달하는 태음이 동시에 신체관에도 반영되어 있다는 점이 특이하다.

"知其雄守其雌爲天下奚?"[208]
수컷됨을 알고 암컷됨을 지켜 천하를 다스리면 어떻겠는가?

  欲令雄如雌. 奚, 何也, 亦近要也. 知要安精神, 卽得天下之要.
  수컷이 암컷처럼 되게 만들고자 하는 것이다. 해는 '어찌'라는 뜻이다. 또한 핵심에 가깝다. 요점이 정신을 안정시키는데 있음을 알면 천하의 요체를 얻을 것이다.

"常德不離, 復歸於嬰兒."
항상된 덕은 떠나지 않아 다시 영아의 상태로 돌아간다.

  專精無爲, 道德常不離之, 更反爲嬰兒.
  정(신)을 전일하게 하고 무위하면 도덕이 늘 떠나지 않아 다시 어린아이처럼 된다.

[208] 하상공본에는 해(奚)가 계(谿)로 되어 있다.

"知其白, 守其黑, 爲天下式."
정이 힘을 알고, 검은 것을 지키면 천하의 모범이 된다.

> 精白與元炁同, 同色. 黑太陰中也, 於人在腎, 精藏之. 安如不用爲守黑, 天下常法式也.

정은 흰색으로 원기와 같은 것이며, 같은 색이다. 흑은 태음의 속으로 사람에게서는 신장에 있고, 정은 신장에 보관된다. (그러므로) 정을 안정시키고 쓰지 않는 것이 흑을 지키는 것이다. (그렇게 하면) 세상 사람들이 늘 본받는다.

"常德不貸, 復歸於無極."
항상된 덕은 다른 이에게서 빌려오지 않는다. (단지 스스로를 지켜서) 무극으로 돌아간다.

> 知守黑者, 道德常在, 不從人貸, 必當償之, 不如自有也. 行玄女經, 龔子, 容成之法, 悉欲貸.[209] 何人主當貸若者乎? 故令不得也. 唯有自守, 絶心閉念者, 大無極也.

흑을 지킬 줄 알면 도덕이 늘 있으니 다른 이에게서 빌릴 필요가 없다. (다른 이에게서 빌리면) 반드시 갚아야 하므로 자신의 것을 지키니만 못하다. 현녀경, 공자, 용성의 법은 모두 빌리고자 하는 것이다. (그러나) 어찌 주인이 다른 이에게 빌려야하는 사람이겠는가? 그러므로 얻지 말라고 한 것이다. 오직 자신의 것을 지키고 마음을 끊고 사념을 막으면, 결코

---

[209] 상이주에서는 방중술을 타인에게서 정을 얻어오는 것으로 보고 있다. 방중술에는 다양한 종류가 있지만, 이것이 방중에 관한 일반적 인식이었을 것이다.

생명의 끝이 없게 된다.

"知其榮, 守其辱, 爲天下谷."

영화로움(의 귀결)을 알고 욕됨을 지키면 천하의 골짜기가 된다.

> 有榮必有辱.[210] 道人畏辱, 故不貪榮, 但歸志於道. 唯願長生, 如天下谷水之欲東流歸於海也.

영화로움이 있으면 반드시 욕됨이 있다. 도인은 욕됨을 두려워하므로 영화로움을 탐하지 않고 다만 도에 뜻을 둔다. 오직 천하의 계곡물이 동쪽으로 흘러가서 바다로 가려고 하는 것처럼 장생을 원할 뿐이다.

"爲天下谷, 常德乃足, 復歸於樸."

(도를 추구하는 마음을 바다를 향해가는) 천하의 골짜기처럼 만들면, 상덕이 족하게 되어 본연의 소박한 상태로 돌아가게 될 것이다.

> 志道當如谷水之志欲歸海, 道德常足. 樸, 道本氣也. 人行道歸樸, 與道合.

도에 뜻을 두기를 마땅히 계곡물이 바다로 돌아가려는 것처럼 해야 하니, 그렇게 하면 도덕이 늘 족할 것이다. 박은 도의 뿌리가 되는 기이다. 도를 행하여 박으로 돌아가면 도와 합치된다.

---

[210] 세상의 전변에 관한 인식은 도덕경본연의 문제의식이다. 세상의 전변으로부터 일종의 우환의식(도덕적 완성을 추구하는 철학적 의미가 아니고, 일상의 변화에 대한 걱정이라는 뜻이다.)이 생겨나고 그런 우환의식으로부터 퇴양과 인순이라는 처세적 양생법이 추천된다.

"樸散爲器, 聖人用爲官長."

도를 쪼개면 (도에서 멀어진) 그릇이 된다. 성인은 (도를 그대로 사용함으로써) 우두머리가 될 수 있다.

> 爲器以離道矣, 不當令樸散也. 聖人能不散之, 故官長治人, 能致太平.
>
> 그릇이 됨으로써 도에서 떨어지니, 통나무를 쪼개서는 안 된다. 성인은 통나무를 쪼개지 않을 수 있기 때문에, 우두머리로서 사람들을 다스려 태평을 이룰 수 있다.

"是以大製無割."

이런 까닭으로 큰 것을 추구하고 마음을 쪼개지 않는다.

> 道人同知俗事, 高官, 重祿, 好衣, 美食, 珍寶之味耳. 皆不能致長生. 長生爲大福, 爲道人欲製大, 故自忍不以俗事割心情也.
>
> 도인도 속된 일, 높은 관직, 많은 녹봉, 좋은 옷, 맛난 음식, 보배의 맛을 안다. (다만) 이런 것 중 어떤 것으로도 장생을 이룰 수 없다. 장생은 큰 복이다. 도인은 큰 것을 만들고자 하므로 스스로 참고 속된 일에 마음을 기울이지 않는다.

29장

> 두 가지를 말하고 있다. 하나는 천하를 취하는 것은 부득이해야 한다는 것이다. 둘째는 세상의 무한한 전변을 말하고 그런 전변 때문에 유약한 태도를 취해야 한다고 힘축적으로 말하고 있다. 천하를 취함에 있어서 부서符瑞에 기한 전통적인 천인감응사상을 드러내고 있다.

"將欲取天下而爲之."

장차 천하를 취하려고 (인위적으로) 행한다.

狂惑[211]之人, 圖欲簒弑, 天必殺之, 不可爲也.

미친 사람이 찬탈하고 시해하려 하면 하늘이 반드시 그를 죽이므로, 성공할 수 없다.

"吾見."

나도 천하의 존귀함을 안다.

吾, 道也. 同見天下之尊,[212] 非當所爲, 不敢爲之. 愚人寧能勝

---

[211] 본래는 혹(或)으로 되어 있다. 문맥상 혹(惑)의 뜻으로 쓰였음이 분명하다.
[212] 동견(同見)의 주체를 도라고 보면 도가 천하를 취하는 즉, 천하를 어찌지 못한다는 뜻으로 비치기 때문에 해석에 어려움이 있다. 이런 문제 때문인지 구바오티엔은 동견을 사람들이 모두 본다고 해석했는데, 자연스럽지 못한 해석이다. 사람들과 마찬가지로 도 혹은 도인도 천하의 존귀함을 알지만 인위적으로 취

道乎? 爲之故有害也.

나는 도이다. 도도 마찬가지로 천하의 존귀함을 보면서도 마땅히 할 바가 아니라면 감히 인위적으로 취하지 않는다. (그러나) 어리석은 이가 어찌 도를 이길 수 있겠는가? 인위적으로 하기 때문에 해로움이 있게 된다.

"其不得已."

(천하의 소임은) 어쩔 수 없이 해야 하는 것이다.

> 國不可一日無君. 五帝[213]精生, 河洛[214]著名, 七宿精見, 五緯[215]合同. 明受天任而令爲之, 其不得已耳. 非天下所任, 不可妄庶幾也.

나라에는 하루도 임금이 없어서는 안 된다. 오제가 천지의 정미한 기운에서 태어남에 하도와 낙서로 이름을 밝혔고, 각 방

하지 않는다는 뜻으로 보아야 할 것이다.

[213] 오제의 설은 통일되어 있지 않은데, 사마천은 황제(黃帝), 전욱(顓頊), 제곡(帝嚳), 당요(唐堯), 우순(虞舜)를 오제로 본다. 이와는 달리 오제를 방위에 따른 하늘의 천제로 보는 관점도 있다. 예를 들어 정현은 周禮·春官·小宗伯, '兆五帝於四郊'의 주에서 '五帝, 蒼曰靈威仰, 太昊食焉, 赤曰赤熛怒, 炎帝食焉, 黃曰含樞紐, 黃帝食焉, 白曰白招拒, 少昊食焉, 黑曰汁光紀, 顓頊食焉'라고 했다. 뒤의 칠수는 28수 중의 한쪽 방위를 나타낼 것이므로, 이곳에서 오제를 오방천제로 해석하면 중복되지만, 그렇게 볼 수도 있다. 판단하기 어렵지만, 35장에서도 '道尊且神, 終不聽人, 故放精耶, 變異汾汾, 將以誠誨'라고 해서 정을 일종의 감응부서로 말하고 있기 때문에 오방천제로 이해하는 것이 적절해 보인다.

[214] 본래는 '雒'으로 되어 있다.

[215] 목화토금수의 행성을 말한다. 周禮·春官·大宗伯의 주에서 가공언(賈公彦)은 오위(五緯)는 오성 즉, '東方歲星, 南方熒惑, 西方太白, 北方辰星, 中央鎭星'으로 '위라고 한 것은 28수는 하늘을 따라 왼쪽으로 돌아 경이 되고 오성은 오른쪽으로 돌아 위가 되기 때문이다.[言緯者, 二十八宿隨天左轉爲經, 五星右旋爲緯]'라고 말했다.

위의 칠수가 정미하게 드러냈으며 오행이 일치했다. 분명히 하늘의 위임을 받았고, (하늘이) 하도록 했기 때문에 부득이 하게 했을 뿐이다. 천하에서 맡긴 것이 아니면 감히 바라서는 안 된다.

"天下神器不可爲. 爲者敗之, 執者失之."
천하는 신묘한 그릇이니 작위적으로 취해서는 안 된다. 의도적으로 하면 실패하고 쥐려하면 잃게 된다.

非天所任, 往必敗失之矣.
하늘이 맡긴 것이 아니라면 추진한다고 해도 반드시 실패하여 잃게 된다.

"夫物或行或隨"
무릇 만물은 어떤 일이 발생하면 어떤 일이 따라 일어난다.

自然相感也. 行善, 道隨之, 行惡, 害隨之也."
자연스레 서로 감한다. 선을 행하면 도가 따르고 악을 행하면 해가 따른다.

"或噓或吹"[216]

(숨을 쉼에 있어서) 혹 허하고 혹 취(하면서) 숨을 쉰다.

---

[216] 『하상공』에서는 같은 곳의 주석에서 '구는 온이고, 취는 한이다. 따뜻하게 할 것이 있으면, 차갑게 할 것이 있다.[呴, 溫也. 吹, 寒也. 有所溫必有所寒也]'고 말했다. 마지싱은 마왕퇴 발굴문헌을 해석할 때, 이 부분을 인용하면서, 구는 입을 벌려서 따뜻한 기운을 내뿜는 것이고, 취는 입을 좁게 하여 냉기를 내뿜는

噓溫吹寒. 善惡同規, 禍福同根. 雖得噓溫, 愼復吹寒, 得福愼
禍來."

허하여 뜨거운 바람을, 취하면서 찬 기운을 내쉰다. (이처럼) 선악은 (발생하는) 기틀이 같고, 화복은 뿌리가 같다. 비록 허하여 온기를 내쉬었다고 해도 조심스럽게 다시 입술을 오므려 한기를 내뿜어야 한다. (이와 마찬가지로) 복을 얻었다 해도 화가 닥칠 일을 조심해야 한다.

"或强或羸."

혹은 강했다가 혹은 약해진다.

强后必更羸, 羸復反更强. 先處强者, 后必有羸. 道人發, 先處羸, 後更强.

강한 뒤에는 반드시 다시 약해지고 약한 후에는 다시 강해진다. 먼저 강한 자리를 차지하면 뒤에는 반드시 약해진다. 도인은 움직임에 먼저 약한 곳에 처했다가 뒤에 더욱 강해진다.

"或接或隨."

혹은 붙잡아주고 혹은 따른다.

身常當自生, 安精神爲本, 不可恃人, 自扶接[217]也. 夫危國之君,

것이라고 했다. 馬繼興, 『馬王堆古醫書考釋』, 湖南科學出版社, 1992, 826쪽. 허는 뜨거운 바람을 내쉬는 방식이고 취는 냉기를 내쉬는 방식이다.

217 돕는다는 뜻이다. 반고(班固)는 『白虎通·三綱六紀』에서 이렇게 말했다. "부부라는 것은 무슨 뜻인가? 부(夫)는 부(扶)와 같다. 도로써 거들어준다는 뜻이다라고 말했다.[夫婦者何謂也? 夫者, 扶也, 以道扶接也]"

忠臣接之, 不則亡. 夫病人醫至救之, 不製則死.

몸은 늘 마땅히 스스로 살려야 하는데 정신을 안정시키는 것이 근본이다. 다른 이를 믿어서는 안 되고 스스로 지탱해야 한다. 위태로운 나라의 임금은 충신이 부축해주는데, 그렇게 하지 않으면 망한다. 무릇 환자는 의사가 와서 구원해주고 그렇지 못하면 죽는다.

"是以聖人去甚去奢去泰."
이런 까닭으로 성인은 지나침과 사치 그리고 교만을 멀리한다.

去甚惡及奢太也.
지나친 악과 사치를 멀리한다.

30장

> 생명에 어긋나는 무력을 사용해서는 안 된다는 것, 지성으로 선을 행해야 한다는 것, 도를 따르지 않기 때문에 장생불사하지 못한다는 것을 말하고 있다. 천문학의 내용을 인용하고 있는 것이 특징적이다. 천인감응의 사유를 받아들이고 있기 때문에, 일정정도의 천문학적 지식을 갖추고 있었을 것이다.

"以道佐人主者, 不以兵彊天下."

도로써 임금을 돕는 이는 군사력으로 세상을 협박하지 않는다.

> 治國之君, 務修道德, 忠臣輔佐, 務在行道, 道普德溢, 太平至矣. 吏民懷慕, 則易治矣. 悉如信道, 皆仙壽矣. 不可仗[218]兵彊也. 兵者非吉器也. 道之設形, 以威不化, 不可專心甘樂也. 道故斥庫樓,[219] 遠狼狐,[220] 將軍騎官[221]房外居,[222] 鋒星[223]脩柔[224]

---

[218] 원문에서는 앞의 부수가 확인되지 않는다. 원문을 보면 人부는 아닌 것이 분명하다. 구바오티엔 등은 仗이라고 교감하고 있다. 의지하다는 뜻의 자가 쓰이면 적절하다. 본래의 자와는 다르지만 구바오티엔의 견해를 따른다.

[219] 무기창고를 말한다. 남방 7수 중 하나인 진수의 남쪽에 있는 별자리로서, 병장기를 보관하는 창고를 상징한다.

[220] 수렵에 사용되는 것이지만, 수렵이 곧 전쟁연습이기 때문에 간접적으로 전쟁의 뜻을 지니고 있다. 동시에 별자리를 상징한다. 서방7수에 속하는 참수의 동남쪽에 있다. 호는 랑의 동남쪽에 있다. 둘 다 전쟁과 침략을 상징한다. 『사기·천관서』에 나온다. 예로부터 랑과 호의 두 별은 전쟁을 상징한다고 보았다. 다만, 「천관서」에서는 호(弧)라고 하고 있는 점이 다르다. 호는 활을 쫙 편 모양이다.

去極疎, 但當信道, 於武略耳.

나라를 다스리는 임금이 힘써 도덕을 닦고, 충신은 (임금을) 보좌하여 도를 행하는데 힘쓰면 도가 넓어지고 덕이 넘쳐서 태평시대가 이루어진다. 관리와 백성들이 (임금을) 사모하는 마음을 지니면 쉽게 다스릴 수 있을 것이다. 도를 믿으면 모든 이들이 선수를 누리게 될 것이다. 군대의 강력함에 의지해서는 안 된다. 병기는 좋은 물건이 아니다. 도는 병기를 만들어서 교화되지 않는 이들을 위협하기는 하지만 진심으로 좋아하지는 않는다. 그러므로 도는 (무기창고를 상징하는) 고루를 멀리 내치고 (침략과 전쟁을 상징하는) 호랑을 멀리 두었다. 장군과 기관은 천자가 정치를 펴는 명당을 상징하는 방수의 밖에 거주하며, 전쟁을 상징하는 봉성과 수유도 멀리 떨어진 곳에 있다. 다만 도를 믿을 뿐, 무력에 대해서는 소략할 뿐이다.

221 기관(騎官)은 임금을 호위하는 호분위를 상징하는 별자리다. 『사기·천관서』에는 '방수의 남쪽에 있는 뭇별을 기관이라고 한다. 각수의 왼쪽이 이이고 오른쪽이 장이다.[房南衆星曰騎官, 左角, 李, 右角, 將]'는 말이 있다. 장은 각수의 우측에 있고, 무리를 거느리고 움직이는 것을 상징한다. 장군과 기관은 모두 전투와 관련되어 있는 별이다.

222 28수 중의 하나로 동방 7수 중 네 번째다. 방수는 임금이 정사를 펴는 명당을 상징한다. 전투를 상징하는 별들이 방외에 거한다는 것은 그만큼 전쟁을 멀리한다는 뜻이다.

223 봉성(鋒星)은 방수(房宿)와 심수(心宿) 사이에 있는 별자리로, 이 별이 뜨면 반드시 난신(亂臣)이 생긴다고 한다.

224 수유(脩柔)는 무엇인지 알 수 없다. 다만 맥락상 전쟁을 상징하는 별자리라고 추정된다.

"其事好還."

무력으로 한 일은 (그 재앙이) 쉽게 돌아온다.

以兵定事, 傷殺不應度, 其殃禍反還人身及子孫.

무력으로 일을 정함에 사람을 해치고 살해함이 정도에 어긋나면 그 재앙이 그 자신과 자손에게까지 미친다.

"師之所處, 荊棘生."

군대가 거처하는 곳에는 가시나무가 자란다.

天子之軍稱師. 兵不合道, 所在淳見殺氣, 不見人民, 但見荊棘生.

천자의 군대를 사라고 한다. 군대는 도에 합치되지 않고 군대가 있는 곳에는 살기가 심하게 드러나기 때문에, 인민은 보이지 않고 가시나무만 보인다.

"故善者果而已, 不以取彊."

그러므로 선한 이는 지성으로 행할 뿐 강함을 택하지는 않는다.

果, 誠也. 爲善至誠而已, 不得依兵圖惡以自彊.

과는 성의 뜻이다. 지성으로 선을 행할 뿐 군사력에 의거해서 악을 도모함으로써 자신을 강하게 해서는 안 된다.

"果而勿驕."

지성으로 할 뿐, 교만하지 않는다.

至誠守善, 勿驕上人.

지성으로 선을 지키고 윗사람에게 교만하지 않는다.

"果而勿矜."

지성으로 선을 지키고 지나치게 자신을 내세우지 않는다.

> 至誠守善, 勿矜身.
>
> 지성으로 선을 지킬 뿐, 자신을 내세우지 않는다.

"果而勿伐."

지극한 정성으로 선을 지킬 뿐, 과시하지 않는다.

> 至誠守善, 勿伐身也.
>
> 지성으로 선을 지킬 뿐, 자신(의 공적)을 과시하지 않는다.

"果而不得已, 是果而勿彊."

지성으로 선을 지키고 부득이하게 무력을 사용한다는 것은, 지성으로 하고 억지로 하지 않는다는 것이다.

> 至誠守善, 勿貪兵威. 設當時佐帝王圖兵, 當不得已而有, 勿甘樂也, 勿以常爲彊也. 風后佐黃帝伐蚩尤, 呂望佐武王伐紂, 皆不得已而爲之耳.
>
> 지성으로 선을 지키고 무력적 위협을 탐하지 않는다. 특정한 때에 왕을 도와 전쟁을 도모할지라도 마땅히 부득이해야 하고 좋아해서는 안 되며 늘 강한 것을 추구해서도 안 된다. 풍후가 황제를 도와 치우를 친 것이나 여망이 무왕을 도와 주를 친 것은 모두 부득이해서 한 것일 뿐이다.

"物壯則老, 謂之非道, 非道早已."

사물이 자라서 늙는 것을 도가 아니라고 한다. 도가 아니면 일찍 죽는다.

    聞道不能行, 故老, 老不止早已矣.

    도를 들어도 행하지 못하기 때문에 늙는다. 노화가 그치지 않으면 일찍 죽게 된다.

31장

이 장에서는 도덕경의 본래 입장인 '전쟁에 대한 부정적 태도'를 표현하고 있다. 전쟁을 부정적으로 보는 것을 좌우에 대한 가치 판단 그리고 좌우계에 대한 상이주 특유의 이해와 연결 짓고 있다.

"夫佳兵者, 不祥之器, 物或惡之, 有道不處."
무릇 잘 꾸민 아름다운 무기는 상서롭지 못한 기물이니, 사람들도 종종 그것을 싫어하고 도 있는 이들은 무기를 사용하지 않는다.

> 兵[225]者非道所憙, 有道者不處之.
> 무기는 도가 좋아하는 것이 아니므로 도를 지닌 이는 무기를 사용하지 않는다.

"君子居則貴左, 用兵則貴右."
군자는 평소에는 왼쪽을, 군대를 움직일 때는 오른쪽을 귀하게 여긴다.

> 左右契也.[226]

---

[225] 병은 무기라는 뜻으로도 전쟁이나 전투라는 뜻으로도 해석될 수 있다. 이곳에서는 중의적으로 사용되었다.

[226] 앞에서 보았듯이 상이주에서는 좌계와 우계의 개념을 천조에 있는 수명의 가감을 기록한 장부로 보고 있다. 이 장에서는 군사의 좌우개념과 대응시키고 있다.

좌계와 우계에 관한 설명이다.

"兵者不祥器, 非君子之器."
전쟁은 상서롭지 못한 기물이다. 군자의 기물이 아니다.

  重明其兇事也.

  (전쟁이) 흉악한 것임을 거듭 밝혔다.

"不得已而用之."
부득이하게 행해야 한다.

  前章已說之也.

  앞 장에서 이미 말했다.

"恬淡爲上, 故不美."
담박하고 편안한 것이 좋기 때문에 무기를 아름답게 여기지 않는다.

  道人恬淡, 不美兵也.

  도인은 담박하고 편안하므로 전쟁을 아름답게 여기지 않는다.

"若美, 必樂之, 是殺人. 夫樂殺者, 不可得意於天下."
만약 전쟁을 아름답게 여기면 반드시 전쟁을 좋아할 것이다. 전쟁을 좋아하는 것은 살인과 같다. 살인을 좋아하면 천하에서 뜻을 얻을 수 없다.

明樂兵樂殺不可也.

전쟁을 좋아하고 살인을 좋아해서는 안 됨을 분명히 한 것이다.

"故吉事尙左, 喪事尙右."[227]

그러므로 좋은 일에는 왼쪽을 높이고, 상사에서는 오른쪽을 높인다.

左右契也.

좌계와 우계에 관한 설명이다.

"是以偏將軍居左, 上將軍居右."[228]

이런 까닭으로 편장군은 왼쪽에 상장군은 오른쪽에 처한다.

偏將軍不專殺生之權, 像左, 上將軍專殺, 像右.

편장군은 살생의 권한을 전단하지 않으므로 왼쪽을 닮았고, 상장군은 살생의 권한을 전단하므로 오른쪽을 닮았다.

"言以喪禮處之. 殺人衆多, 以悲哀泣[229]之, 戰勝以喪禮處之."

(이것은 군사의 일을) 상례에 따라 처리함을 말한 것이다. 사람을 많이 죽이면 슬퍼해야 하고 전투에서 이기면 상례에 따라야 한다.

[227] 한대 이후로는 왼쪽을 높이는 상좌관념이 일반화된다. 이 구절에서는 왼쪽을 높이는 관념을 흉사와 길사에 적용하고 있다.
[228] 편장군은 부장으로 상장군아래 왼쪽에 자리 잡는다. 위치상 상장군은 오른쪽에 자리잡는 꼴이다. 이 구절에서는 한대의 상좌관념을 용병에 적용하고 있다.
[229] 읍(泣)은 리(涖)와 같다. 리(涖)는 임한다는 뜻이다.

不得已而有者, 輒三申五令,[230] 示以道誡, 願受其降. 不從者當
閔傷悲泣之, 如家有喪, 勿喜快也.

부득이하게 전투를 할 일이 있으면 거듭 설득하고 도계를 보임으로써 그의 항복을 받도록 해야 한다. 그리고 따르지 않는 이가 있으면 마땅히 집안에 상례가 있는 것처럼 불쌍히 여겨서 슬퍼해야 하며 좋아해서는 안 된다.

[230] 반복해서 주의를 준다는 뜻이다.

32장

> 무위의 통치를 재해석하고 있다. 즉, 왕 된 이가 도를 높이고 도계에 따라 행할 수 있으면 무위의 통치가 자연스럽게 이루어질 것이라고 설명하고 있다. 상이주에는 왕후를 선천적으로 정해지는 것으로 인정하고 있으며, 역성혁명의 논의는 보이지 않는다.

"道常無名."

도는 언제나 이름이 없다.

> 不名大, 託微小也.
>
> 큰 것으로 이름삼지 않고 미미하고 작은 것에 의탁한다.

"樸雖小, 天下不敢臣."

통나무는 작지만 천하라 해도 감히 신하로 삼지 못한다.

> 道雖微小, 爲天下母, 故不可得臣.
>
> 비록 도는 미미하고 작지만 천하의 어미가 되므로 신하로 삼을 수 없다.

"王侯若能守, 萬物將自賓."

만약 왕후가 (도계를) 지킬 수 있으면 만물이 스스로 귀순할 것이다.

> 人不可以貴輕道, 當之, 萬物皆自賓伏.

사람들은 자신을 높이고 도를 경시해서는 안 된다. 도에 부합하게 하면 만물이 모두 스스로 귀순할 것이다.

"天地相合, 以降甘露."
천지가 서로 합하여 감로를 내린다.
> 王者行道, 天地憙,[231] 滋澤生.

> 왕자가 도를 행하면 천지는 기뻐서 만물을 윤택하게 만들 것이다.

"民莫之令而自均."
명령하지 않아도 백성들은 저절로 다스려진다.
> 王者尊道, 吏民企效, 不畏法律, 乃畏天神, 不敢爲非惡. 皆欲全身, 不須令勅而自平均.

> 왕 된 이가 도를 높이면 관리와 백성들은 이를 본받아 법률을 두려워하지 않고 천신을 두려워하여, 감히 옳지 않고 악한 일을 저지르려 하지 않는다. 모두 몸을 온전히 하고자 하니 칙령을 공포하지 않아도 저절로 다스려진다.

"始制有名."
처음에 제정하여 (왕후의) 이름이 있게 (즉, 왕후의 이름을 지니게) 하였다.

---

[231] 라오종이는 희(喜)로, 구바오티엔 등은 희(憙)로 교감하고 있다. 의미는 같지만 발굴본 자체에는 희(熹)로 되어 있다.

道人求生, 不貪榮名. 今王侯承先人之後, 有榮名, 不強求也. 道聽之, 但欲令務尊道行誡, 勿驕溢也.

도인은 생명을 추구하지 영화와 명성을 탐하지 않는다. 지금의 왕후는 선인을 계승하여 영화와 명성이 있게 된 것이며 억지로 구한 것이 아니다. 도는 (그런 계승과 위임을) 인정하되 오직 (왕후가) 도를 높이고 도계에 따라 행하기를 바랄 뿐이니 교만해서는 안 된다.

"名亦旣有, 夫亦將知止."
명성도 이미 있으니 또한 장차 그칠 줄 알 것이다.

王侯承先人之後, 旣有名. 當知止足, 不得復思高尊强求也.

왕후는 선인의 뒤를 이어 이미 이름이 있다. 마땅히 그치고 만족할 줄 알아야 하며 (기존의 명성에 더해서) 또 다시 존귀한 것을 억지로 얻으려 해서는 안 된다.

"知止不殆."
그칠 줄 알면 위태롭지 않을 것이다.

諸知止足, 終不危殆.

모두 그침과 만족을 알면 끝내 위태롭지 않을 것이다.

"譬道在天下, 猶川谷與江海."
천하의 도는 천곡과 강해와 같다.

道在天下, 譬如江海, 人一心志道, 當如谷水之欲歸海也.

천하에 도가 있는 것은 강이나 바다와 같다. 사람들이 한마음으로 도를 지향하는 것은 계곡물이 바다로 향하는 것과 같다.

33장

> 타인을 평가하지 말 것, 자신을 반성하고 꿋꿋한 의지로 도를 지켜나갈 것을 말한 후, 그런 과정을 통해 시해에 이를 수 있다고 말하고 있다.

"知人者智."

남을 아는 이는 지혜롭다.

> 知平他人善惡, 雖知, 不合道德. 道人但當自省其身, 令不陷於死地, 勿平他人也.
>
> 다른 이의 선악을 평가하면 비록 안다고 해도 도덕에 합치되지는 않는다. 도인은 다만 마땅히 그 자신을 살펴 사지에 빠지지 않게 만들 뿐 타인을 평가해서는 안 된다.

"自知者明."

자신을 아는 이는 밝다.

> 如此甚明矣.
>
> 이와 같으면 매우 밝다.

"勝人有力."

타인을 이기는 이는 힘이 세다.

好勝人者, 但名有力也.

쉽게 타인을 이기면, 다만 힘이 세다고 말할 뿐이다.

"自勝者彊."

자신을 이기는 이는 강하다.

自修身行善勝惡, 此乃彊也.

스스로 몸을 닦고 선을 행하며 악을 이기면 이것이 (진정으로) 강한 것이다.[232]

"知足者富."

족할 줄 알면 부귀하다.

道與謙也.

도는 겸손한 이와 함께한다.

"彊行有志."

힘써 행하는 이에게는 뜻이 있다.

道誠甚難, 仙士得之, 但志耳, 非有伎巧也.

도계는 어렵지만 선사는 도계를 얻으면 다만 (도계를) 지향할 뿐 기교를 부리지 않는다.

---

[232] 『맹자·공손추하』에는 부동심의 맥락에서 북궁유와 맹시사 그리고 증자를 비교한 대목이 나온다. 앞 구절의 타인을 이기기를 좋아하는 이는 북궁유나 맹시사에 해당한다. 북궁유는 실제로 타인을 이겼고, 맹시사는 마음으로 타인을 이겼다. 그러나 증자는 자신을 이김으로써 부동심에 도달했다. 맹자는 증자가 도달한 경지를 가장 높게 본다. 이곳에서 말하는 자신을 닦아서 도달하는 경지는 증자의 부동심에 해당한다.

"不失其所者久."

자신의 자리를 잃지 않으면 오래갈 수 있다.

> 富貴貧賤, 各自守道爲務, 至誠者道與之, 貧賤者無自鄙强欲求富貴也. 不强求者, 爲不失其所故久也. 又一說曰, 喜怒五行戰傷者, 人病死, 不復待罪滿地. 今當和五行, 令各安其位勿相犯, 亦久也.

부귀빈천을 가리지 않고 누구나 스스로 도를 지켜야 힌다. (도를 지킴이) 지극히 정성되면 도가 그의 편이 되어 준다. 빈천해도 자신이 비루하다고 해서 부귀를 억지로 구해서는 안 된다. 억지로 구하지 않으면 본분을 잃지 않으므로 오랠 수 있다. 또 일설에는 말한다. "희로의 감정이 오행의 상극관계에 따라 싸우면 병사하니 죄가 차기를 기다릴 것도 없다." (따라서) 이제 오행을 조화롭게 만들어야 하며, 각자 자신의 자리에 편안히 머물면서 서로를 침범하지 않게 해야 또한 오랠 수 있다.

"死而不亡者壽."

죽어서도 없어지지 않는 것(즉, 시해를 말함)이 장수다.

> 道人行備, 道神歸之. 避世託死, 過太陰中, 復生去爲不亡, 故壽也. 俗人無善功, 死者屬地官,[233] 便爲亡矣.

도인이 모든 것을 갖춰서 행하면 도신이 귀의한다. 세상을 피

---

[233] 상이주에서 지관이라는 표현은 이곳과 16장에 보인다. 지관에 관련된 내용은 16장의 해당주석에서 설명했다.

해서 죽음에 의탁하면 태음에서 만날지라도 다시 태어나 떠나서 없어지지 않기 때문에 장수할 수 있다. 속인은 선업을 쌓지 않았기 때문에 죽으면 지관에 속해 곧 없어진다.

34장

> 도는 만물을 주재하지 않고, 공을 차지하지 않음으로써 끝내는 위대하게 됨을 말하고 있다. 도에 관한 설명이지만, 일상의 삶의 준칙으로 제시하고 있는 것이다. 퇴양과 인순은 도덕경의 본래적 가르침이므로, 상이주의 특성이 잘 드러나는 장은 아니다.

"大道氾, 其可左右."

대도는 넓어서 좌우 어느 곳으로나 움직일 수 있다.

> 氾, 廣也. 道甚廣大, 處柔弱, 不與俗人爭. 教人以誠愼者宜左契, 不誠愼者置左[234]契.[235]

범은 넓다는 뜻이다. 도는 매우 광대하지만 유약한 자세를 취해서 속인과 다투지 않는다. 사람들을 교화하되 도계에 따르고 조심하는 이는 좌계에 기록하고 도계를 조심하지 않는 이는 우계에 기록한다.

[234] 앞에서부터 이런 오류가 보였다. 좌(左)는 우(右)의 오기로 보인다.
[235] 후대의 공과격에서는 개인의 선행과 악행을 점수에 따라 각각 기록하도록 되어 있다. 이곳에서 말하는 계는 후대의 공과격과는 다를 가능성이 있다. 즉, 단순히 선행을 행한 이는 좌계에 악행을 행한 이는 우계에 기록했을 가능성이 높아 보인다. 이런 추정이 옳다면 후대의 공과격보다는 좀 단순한 형태였다고 보여진다.

"萬物恃以生而不辭."
만물은 (도에) 의지해 살면서도 (감사하다는) 말을 하지 않는다.

>不辭謝恩, 道不責也.
>
>(도에게) 감사하는 말을 하지 않아도 도는 책망하지 않는다.

"成功不名有. 衣被萬物, 不爲主, 可名於小."
업적을 이뤄도 (그에 따르는) 이름을 얻으려 하지 않는다. 만물을 두루 덮어주면서도 (만물의) 주인이 되려 하지 않으니 작은데서 이름을 취할 수 있다.

>道不名功, 常稱小也.
>
>도는 공을 세웠다는 이름을 취하지 않고 항상 작다고 한다.

"萬物歸之, 不爲主, 可名於大."
만물이 귀의해도 주인이 되지 않으니 큰데서 이름을 취할 수 있다.

>歸, 仰也. 以爲生, 旣不責恩, 復不名主, 道乃能常大耳.
>
>귀는 우러른다는 뜻이다. (만물은) 도에 의거해 살아가지만, 은혜를 바라지 않는데다가 주인이라고 말하지도 않으므로, 도는 항상 클 수 있다.

"是以聖人終不爲大, 故能成其大."
이런 까닭으로 성인은 끝내 크다고 하지 않음으로써, 그 위대함을 이룰 수 있다.

>法道常先稱小, 後必乃能大, 大者長生, 與道等壽.

(성인은) 도를 본받았음에도 언제나 먼저 작다고 하여, 뒤에는 반드시 크게 될 수 있었다. 크면 장생하여 도와 같은 수명을 누릴 수 있다.

35장

> 도에 따른 정치는 왕으로부터 시작해서 백성들을 교화시켜야 한다는 것과 도의 담박무미함을 말한 후, 도를 준수했을 때 많은 복이 보답으로 주어진다는 것을 밝히고 있다.

"執大象天下往."

큰 법도를 잡고 있으면 천하 사람들이 귀의한다.

> 王者執正法, 像大道, 天下歸往, 曠塞重驛,[236] 向風[237]而至. 道之爲化, 自高而降. 指謂王者, 故貴一人. 制無二君, 是以帝王常當行道, 然後乃及吏民. 非獨道士可行, 王者棄捐[238]也. 上聖之君, 師道至行以敎化. 天下如治, 太平符瑞, 皆感人功所積, 致之者道君[239]也. 中賢之君, 志信不純, 政復扶接, 能任賢良. 臣弼之以道, 雖存國, 會不蕩蕩, 勞精躬勤. 良輔朝去, 暮國傾

---

[236] 황막한 변방과 중요한 역점 즉, 국경지역을 말한다.
[237] 임금의 교화를 바람에 비유하는 것은 『논어』에도 보인다. "군자의 덕은 바람이요, 소인의 덕은 풀이다. 풀은 바람이 불면 반드시 눕는다.[君子之德風, 小人之德草, 草上之風必偃(『論語·顔淵』)]" 이곳의 바람도 교화를 빗댄 것이다. 다만 『논어』의 왕도정치가 인의의 정치라면 이곳의 왕도정치는 행도 즉, 도계를 따르는 정치다.
[238] 아래의 이어지는 구절 '以爲人世可久隨之王者道可久棄捐'을 보았을 때, 도(道)가 생략되어 있음을 알 수 있다.
[239] 10장 '載營魄, 抱一能無離.'의 주석에 보이는 태상노군을 가리킬 가능성이 있지만 확신할 수는 없다. 어쨌든 도를 인격화한 표현이다.

危. 製不在上, 故在彼去臣. 所以者, 化逆也, 猶水不流²⁴⁰西. 雖有良臣, 常難致治. 況羣耶雜政, 制君諱道, 非賤眞文, 以爲人世可久隨之王者道可久棄捐. 道尊且神, 終不聽人. 故放精耶,²⁴¹ 變異汾汾, 將以誡誨. 道隱却觀, 亂極必理. 道意必宣, 是以帝王大臣, 不可不用心殷勤審察之焉.

왕자가 바른 법을 견지하여 대도를 따르면, 천하 사람들이 귀의하니, 텅 빈 변방과 중요한 역마다 교화의 바람을 향해 온다. 도의 교화는 높은 곳에서부터 내려가는 법이다. (어떤 사람을 가리켜) 왕이라고 하는 것은 한 사람을 귀하게 만들기 위해서이다. 법제에 따르면 두 임금은 없다. 따라서 제왕이 항상 마땅히 도를 행한 연후에야 관리와 백성에까지 이른다. 도사만 도를 행할 수 있는 것이 아닌데도 (오늘날의) 왕자는 (도를) 버려두고 행하지 않는다. 위대한 성군은 스승의 도리로 지극한 행위를 통해 (사람들을) 교화시켰다. 천하가 다스려지면 태평성대를 알리는 부서가 모두 사람들의 업적에 감응한다. 그런 부서를 내리는 이는 도군이다. 중현의 군주(즉, 그렇게 뛰어나지는 않은 군주)는 도에 뜻을 둔 믿음이 순수하지 않으며 정치에 있어서도 거들어 주는 것이 필요하지만 현량한 이에게 맡길 수 있을 정도는 된다. (그러나) 신하들이

---

240 본래는 泝자로 되어 있었다. 流와 같은 뜻이다.
241 일반적으로 상이주에서 정은 생명의 씨앗 혹은 근원이라는 뜻으로 쓰이지만, 29장에서는 '五帝精生, 河雒著名, 七宿精見, 五緯合同'이라고 해서 정을 천인감응을 상징하는 符瑞의 의미로 사용하고 있다. 이곳의 정도 그런 감응부서로 보아야 할 것이다. 구바오티엔은 정명하고 사악한 사람을 내친다고 해석했지만 이곳의 맥락과 어울리지 않는다. 이곳의 정사는 징조라고 봐야 할 것이다.

도에 따라 보필하면, 비록 나라를 존치시켜 흔들리지 않게 만들 수 있다고 해도, 정신을 피곤하게 하고 몸이 수고롭다. (또한) 선량한 신하가 떠나면 나라가 곧 기운다. 제도를 일으키는 것이 위에 있지 않고, 저 떠난 신하에게 있었기 때문이다. 그렇게 된 까닭은 교화가 (신하에서 왕 쪽으로) 거꾸로 일어났기 때문이다. 이는 마치 물이 서쪽으로 흐르지 않는 것과 같다. 비록 좋은 신하가 있다고 해도 좋은 정치를 하기는 늘 어렵다. (심지어) 여러 사특한 무리가 잡다하게 정사를 펴고 임금을 제어하면서 도를 어기고 도에 관한 참된 글을 비난하고 천시하면서, 세속에서 오랫동안 따른 왕은 오랫동안 도를 버려둘 수 있다고 하는 경우에야 어떻겠는가? 도는 존귀하고 신묘하므로 끝까지 사람들에게 맡겨 두지는 않는다. 그러므로 징조를 보이고 어지러이 변고를 일으켜 사람들을 가리키려한다. 도는 물러나서 은밀하게 보다가, 난이 극에 달하면 반드시 다스린다. 도의는 반드시 펼쳐지는 법이니 제왕과 대신은 마음을 은근히 써서 세밀하게 (하늘의 징조를) 살피지 않으면 안 된다.

"往²⁴²而不害."

(왕이 도를 행하면) 도가 왕에게 돌아오니 해가 될 것이 없다.

  王者行道, 道來²⁴³歸往. 王者亦皆樂道, 知神明不可欺負, 不畏

---

242 본래는 주(住) 혹은 가(佳)자로 되어 있지만, 맥락상 왕(往)자로 봐야 한다. 상이주의 다른 곳에서도 종종 보이는 현상이다.

法律也, 乃畏天神, 不敢爲非惡. 臣忠子孝, 出自然至心. 王法
無所復害, 形罰格藏, 故易治, 王者樂也.

왕이 도를 행하면, 도가 (왕에게) 온다. 왕도 또한 도를 좋아
하고 신명을 속일 수 없음을 알기 때문에, 법률을 두려워하지
않고 천신을 두려워하여 감히 그르고 악한 짓을 하지 않는다.
신하의 충성스러움과 자식의 효성스러움은 자연스럽고 지극
한 마음에서 나온다. 왕의 법률이 그들에게 다시 해를 가할
일은 없다. 형벌은 (쓸 일이 없어 형벌을 기록하고 있는 책이
궤짝에) 보관되어 있으므로 다스리기 쉽고 왕은 즐겁다.

"安平大樂."

편안하고 공평하며 크게 즐겁다.

如此之治, 甚大樂也.

이와 같은 가르침은 아주 크게 즐겁다.

"與珥[244]過客止."[245]

(왕이 도를 행하면) 달무리와 햇무리 그리고 혜성이 나타나지 않

---

[243] 3장 '聖人治, 靈其心, 實其腹'의 주에서는 '마음속의 흉악함을 지워내면 도가 와서 귀의하여 배가 그득하게 되리라.[虛去心中兇惡, 道來歸之, 腹則實矣]'고 말한다.
[244] 하상공본에서는 이(珥)를 이(餌)[美라고 주하고 있음]라 하고 위의 락(樂)과 연결해서 즐거움과 아름다움은 지나던 객을 멈추게 한다고 해석하고 있다. 상이주에서는 이것을 굳이 이(珥)[해무리와 달무리]라고 함으로써 일종의 상징으로 해석하고 있다.
[245] 구바오티엔은 햇무리와 달무리가 나타나면 여행객은 여행을 멈춰야 한다고 해석하고 있다. 그러나 아래의 주석을 보면 객은 혜성과 같은 객성이다.

게 된다.

> 諸與天災變怪, 日月運珥, 倍²⁴⁶臣縱橫, 刺貫之咎, 過²⁴⁷罪所致. 五星順軌, 客²⁴⁸逆不曜, 疾疫之氣, 都悉止矣.
>
> 각종의 (도가 내린) 천재지변과 햇무리 및 달무리가 나타나는 것, 배반하는 신하가 제멋대로 다니고, 허물이 끝없이 이어지는 것은 죄악 때문이다. 오성이 (본연의) 노선을 따르고 객성이 밝지 않으면 전염병의 기운이 모두 멈출 것이다.

"道出言, 淡無味."

도가 하는 말은 담박하여 무미하다.

> 道之所言, 反俗絶巧, 於俗人中, 甚無味也. 無味之中, 有大生味, 故聖人味無味之味.
>
> 도가 말하는 것은 속사에 반하고 (화려한) 기교가 없으니 속인에게는 퍽 평이하게 들린다. 그러나 무미한 가운데서도 크게 맛이 있다. 그러므로 성인은 (도의) 담박한 맛을 맛본다.

"視不足見, 聽不足聞, 用不可旣."

보아도 보기에 부족하고 들어도 듣기에 부족하지만 써도 다 쓸 수

---

246 배(倍)는 보통 '몇 배'라는 뜻으로 쓰이지만, 종종 배(背)의 뜻으로도 쓰인다. 이곳에서는 背와 같다.
247 구바오티엔 등은 과다하다는 뜻으로 해석했지만, 잘못을 구분해서 중한 잘못과 가벼운 잘못으로 나누고 중한 잘못에만 벌을 내린다는 말은 상이주에 없다. 과죄는 단순히 죄악이라는 뜻으로 쓰인 것이다.
248 혜성을 말한다. 불길한 징조로 해석하고 있다.

없다.

道樂質樸, 辭無餘. 視道言, 聽道誡, 或不足見聞耳而難行. 能行能用, 慶福不可旣盡也.

도는 질박함을 좋아하여 말에 (화려한 수식과 같은) 남음이 없다. 도의 말을 듣고 도계를 들으면 혹 보고 들을 만한 것이 없어 보이는데도 행하기가 어렵다. 도를 행해서 쓸 수 있으면, 큰 복이 끝없이 이른다.

36장

> 무위의 통치술에 대해 말하고 있다. 흥미롭게도 그런 통치술을 타인에게 보여줘서는 안 된다고 주장하고 있다.

"將欲翕之, 必固張之."

장차 오므라들게 만들려면, 반드시 (먼저) 펴줘야 한다.

> 善惡同規, 禍福同根, 其先張者後必翕.[249]
>
> 선과 악은 기틀이 같고 화와 복은 뿌리가 같다. 먼저 펼쳐지면 뒤에는 반드시 오므라든다.

"將欲弱之, 必固彊之."

장차 약하게 만들려면, 반드시 (먼저) 강하게 해야 한다.

> 先彊後必弱.
>
> 먼저 강하면 뒤에는 반드시 약해진다.

"將欲廢之, 必固興之."

장차 폐하게 하려면, 반드시 (먼저) 흥하게 만들어야 한다.

---

[249] 동근이라는 것은 마음을 지칭하는 것이겠지만, 이곳에서는 그 뿌리의 같음을 말하는데 강조점이 있지 않고, 세상의 끊임없는 전변에 중점이 있다.

先興, 後必衰廢.

먼저 흥하면 뒤에는 반드시 쇠잔해진다.

"將奪之, 必固與之."

장차 빼앗으려 하면 반드시 (먼저) 주어야 한다.

先得後必奪也.

먼저 얻으면 뒤에는 반드시 빼앗긴다.

"是謂微明."

이것을 일러서 은미하고 밝다고 한다.

此四事卽四怨, 四賊也. 能知之者, 微且明. 知則副道也. 道人畏翕弱廢奪, 故造行先自翕自弱自廢自奪, 然后乃得其吉. 及俗人, 廢250言, 先取張彊興之利, 然後返兇矣. 故誡知止足, 令人於世間裁自如, 便思施惠散財除殃, 不敢多求. 奉道誡者, 可長處吉不兇. 不能止足相返, 不虛也.251 道人不可敢非, 實有微明之知.

이 네 가지는 네 가지의 원망이며 네 가지의 적이다. 이것을 알 수 있는 이는 은미하면서도 밝을 것이다. (또) 알면 도에 부합할 것이다. 도인은 오므라들고 약해지고 폐하고 빼앗기

---

250 문맥상 발(發)로 봐야 할 것이다. 앞에서 도인을 말하고 있고, 이곳에서는 속인을 말하고 있으므로 대비되어야 한다.
251 이 두 구의 해석은 어렵다. 구바오티엔 등은 '그만 만족할 줄을 모르는 이는 서로 자신을 돌아보고는 이 말이 거짓이 아님을 안다.'라고 해석하고 있다. 지나치게 의도적인 무리한 해석이다.

는 것을 두려워하므로 먼저 스스로 웅크리고 약화시키고 폐하고 빼앗는다. 그런 연후에야 길함을 얻을 수 있다. 속인의 경우에는 말을 하고, 먼저 쭉 펴서 강하고 흥하게 되는 이익을 취한 연후에는 흉하게 된다. 그러므로 도는 만족할 줄 알도록 주의를 주고, 세상 사람들로 하여금 스스로 생활을 할 수 있을 정도가 되면, 은혜를 베풀고 (남는) 재산을 흩어 (사람들을) 재앙으로부터 구제할 생각을 하게 만들고 감히 많이 구하지 못하게 한다. 도계를 받드는 이는 길함에 오래 처하니 흉하지 않을 수 있다. (그러나) 만족할 줄 모르는 이들은 이와는 반대다. 이것은 헛말이 아니다. 도인은 감히 잘못된 짓을 해서는 안 되니, 실로 은미하게 밝은 지혜가 있게 된다.

"柔弱勝剛彊."

유약한 것이 경직되고 강한 것을 이긴다.

> 道氣微弱, 故久在, 無所不伏. 水法道柔弱, 故能消穿崖石. 道人當法之.

도기는 미약하기 때문에 오랫동안 있으면서 어떤 것도 그 복을 받지 못함이 없다. 물은 도를 본받아 유약하기 때문에 바위를 뚫을 수 있다. 도인은 마땅히 (도기와 물이 미약하고 유약함을) 본받아야 한다.

"魚不可勝[252]於淵."

고기는 연못에서 벗어날 수 없다.

> 誠爲淵, 道猶水, 人猶魚. 魚失淵, 去水則死. 人不行誠守道,

道去則死.

도계는 연못과 같고, 도는 물과 같으며, 사람은 고기와 같다. 고기는 연못에서 벗어나 물을 떠나면 죽는다. 사람이 도를 지키고 계를 행하지 않으면 도가 떠나니 죽게 된다.

"國有利器, 不可以視人."
나라에는 이로운 기물이 있다. 이것을 사람들에게 보여줘서는 안 된다

寶精勿費, 令行缺也. 又一說曰, 道人寧施人, 勿爲人所施. 寧避人, 勿爲人所避. 寧敎人爲善, 勿爲人所敎. 寧爲人所怒, 勿怒人. 分均寧與人多, 勿爲人所與多. 其返此者, 卽爲示人利器也.
정을 보배로 여기고, 낭비해서 부족함이 있게 하면 안 된다. 또 일설에서는 이렇게 말한다. 도인은 사람들에게 베풀어줄지언정 사람들로부터 베풀어짐을 받아서는 안 된다. 사람들을 피할지언정 사람들이 자신을 피하는 일이 있어서는 안 된다. 사람들을 선하게 가르쳐 줘야지, 사람들이 자신을 가르치는 일이 있어서는 안 된다. 사람들에게 노여움을 살지언정 자신이 사람들에게 역정을 내서는 안 된다. (무엇인가를) 분배할 때는 사람들에게 많이 줄지언정 사람들이 자신에게 많이 주는 일이 있어서는 안 된다. (이런 것들을) 거꾸로 하면 나라를 다스림에 있어서 가장 효과적인 방법을 사람들에게 가르쳐 주는 셈이다.

252 왕필본과 하상공본에는 모두 탈(脫)로 되어 있다. 脫자의 오기로 보인다.

37장

> 도에 따르는 무위의 교화를 통치와 연결시켜 설명하고 있다.

"道常無爲而無不爲."

도는 항상 무위하되 이루지 못함이 없다.

> 道性不爲惡事, 故能神無所不作. 道人當法之.
>
> 도는 본성이 악한 일을 행하지 않는다. 그러므로 신묘하여 하지 못할 일이 없다. 도인은 마땅히 도를 본받아야 한다.

"王侯若能守, 萬物將自化."[253]

왕후가 능히 (도를) 지킬 수 있으면, 만물은 장차 저절로 교화될 것이다.

> 王者雖尊, 猶常畏道, 奉誠行之. 王者法道爲政, 吏民庶孼子, 悉化爲道.
>
> 왕은 비록 존귀하지만, 그래도 언제나 도를 경외하고 도의 가

---

[253] 상이주에서는 이 두 구가 떨어져 있다. 즉 앞구 뒤에 해당주석이 나오고, 이어서 뒷구가 나온 다음에 주석이 실려 있는 꼴이다. 그러나 문맥상 두 구는 하나로 합쳐두어야 한다. 하상공 본에서는 두 구가 연결되어 있다. 라오종이는 상이주 원본을 따랐지만, 이 책에서는 바로잡는다. 상이주에는 생략된 부분도 있고, 연자 오자도 있어서 바로잡았으므로, 같은 맥락에서 이곳에 보이는 것도 오류로 보고 바로 잡는다.

르침을 받들어 행해야한다. 왕이 도를 본받아 정치를 행하면 관리와 백성 그리고 많은 자손들이 모두 교화되어 도를 행할 것이다.

"化, 如欲作, 吾將鎭之以無名之樸."
교화하되, (사악함이) 일어나려 히면 내가 장차 무명의 질박함으로 진압할 것이다.

> 失正變得耶, 耶改得正. 今王者法道, 民悉從正, 齋正而止, 不可復變(變)爲耶矣.[254] 觀其將變, 道便鎭製之. 檢以無名之樸, 教誡見也. 王者亦當法道鎭製之, 而不能製者, 世俗悉變爲耶矣, 下古世是也.

바름을 잃으면 (바름이) 변해서 사특함이 되고, 사특함을 고치면 바름을 얻는다. 이제 왕이 도를 본받으면 백성들은 모두 (왕을) 따라서 바르게 되어, 다시는 변하지 않을 것이다. (혹시라도) 장차 변화할 기미를 보면, 도가 진압하고 제어한다. 무명의 소박함으로 단속하고 도계로서 가르쳐 보여준다. 왕도 도를 본받아 (사특한 조짐을) 진압하고 제어해야 한다. 제어하지 못하면 세속의 것이 모두 사특하게 변할 것이다. 고대의 말년이 그러했다.

---

[254] 원문에는 변(變)자가 두 번 나온다. 하나만 있는 것으로 보고 해석해야 한다.

"無名之樸, 亦將不欲."

무명의 소박함은 또한 장차 (세속의 것을) 바라지 않을 것이다.

> 道性於俗間都無所欲, 王者亦當法之.
>
> 도의 본성은 세속의 것에 대해서는 전혀 바라는 것이 없다. 왕도 마땅히 그런 도를 본받아야 한다.

"無欲以靜, 天地自正."

무욕으로 고요하게 하면 천지가 저절로 바르게 될 것이다.

> 道常無欲樂清靜, 故令天地常正. 天地道臣也.[255] 王者法道行誡, 臣下悉皆自正矣.
>
> 도는 항상 무욕하여 청정함을 좋아한다. 그러므로 천지를 늘 바르게 만든다. 천지는 도의 신하다. 왕이 도를 본받고 도계를 행하면 신하도 모두 바르게 될 것이다.

---

[255] 25장에서는 자연을 도의 이체, 생명을 도의 별체라고 했다. 천지는 자연만 못한 것이고, 자연 즉 도의 별체를 품수 받는 대상의 위치에 있다.

{ 참 고 문 헌 }

윤찬원,『도교철학의 이해』, 돌베개, 1998.
이성구,『중국고대의 주술적 사유와 제왕통치』, 일조각, 1997.
한흥섭,『혜강집』, 소명출판사, 2006.
堀敏一외 저, 임대희외 역,『위진남북조사』, 서경, 2005.
窪德忠, 최준식 역,『도교사』, 분도출판사, 2000.
窪德忠·西順藏, 조성을 역,『중국종교사』, 한울아카데미, 1996.
長澤和俊, 민병훈 역,『돈황의 역사와 문화』, 사계절, 2010.
酒井忠夫외, 최준식 역,『도교란 무엇인가』, 민족사, 1991.
王明 編,『太平經合校』, 中華書局, 1997.
黃正元,『太上感應篇圖說』, 北京燕山出版社, 1995
宮川尙志,『中國宗敎史硏究 第一』, 同明舍刊, 1983.
饒宗頤,『老子想爾注校證』, 上海古籍出版社, 1991.
顧寶田·張忠利,『新譯老子想爾注』, 三民書局印行, 1997.
李零,『郭店楚簡校讀記』, 中國人民大學出版社, 2007.
森田傳一郞,『史記扁鵲倉公列傳譯註』, 雄山閣出版, 1986.
黎志添 主編,『道敎與民間宗敎硏究論集』, 學峰文化事業公司出版, 1999.
王卡,『老子道德經河上公章句』, 中華書局, 1993.
馬繼興,『馬王堆古醫書考釋』, 湖南科學出版社, 1992.
坂出祥伸,『道敎と養生思想』, ぺりかん社, 1992.
姜生외 主編,『中國道敎科學技術史』, 科學出版社, 2002.
砂山稔,「道敎と老子」,『道敎の展開』, 平河出版社, 1983.
李遠國,「論老子想爾注的養生思想」, 中國道敎, 2005.
李養正,「老子想爾注與五斗米道」, 道协会刊, 1983.
오상무,『老子 河上公, 想爾, 王弼 三家注 比較硏究』, 北京大學 博士學位論文, 1996.

Joseph Needham, *Science and Civilisation in China* vol 5 part 2, Cambridge: Cambridge University Press, 1974.
Sarah Stang, Claude Larre, S.J. & Elisabeth Rochat de la Vallee Trans., *Rooted in Sprit-The Heart of Chinese Medicine*, Station Hill Press, 1995.
김윤경, 「노자상이주 심의 종교적 변모」, 『동양철학』, 2012.
김태용, 「도교의 생명윤리」, 『도교문화연구』, 2008.
문석윤, 「『맹자』의 성(性), 심(心), 성인(聖人)의 도덕론」, 『인간·환경·미래』 제5호, 2010.
이봉호, 「노자상이주의 세간위기와 결정성신」, 『도교문화연구』 30집, 2009.
이석명, 「노자의 양생론적 이해와 도교적 계기」, 『동양철학』, 1999.
이성구, 『노자와 양생술』, 『철학사상』 31호, 2009.
이진수, 「조선양생사상의 성립에 관한 고찰」, 『한국도교사상의 이해』, 1990.
이진용, 「갈홍 포박자의 생명윤리사상에 대한 이해」, 『도교문화연구』, 2009.
정우진, 「황제내경: 양신과 양형의 교차로 위에 건축된 의론」, 『인문학연구』 11호, 2007.
정우진, 「양생과 한의학」, 『도교문화연구』 32집, 2010.
정우진, 「양생의 기원에 관한 연구」, 『범한철학』, 2011.
정우진, 「선진시기 양심적 양생술의 전개에 관한 연구」, 『동양철학연구』 71집, 2012.
정우진, 「상이주 양생론 연구」, 『동양철학연구』 73집, 2013.
정우진, 「노자상이주 양생윤리」, 『동양철학연구』 75집, 2013.
大淵忍爾, 「五斗米道の教法について(上)」, 『東洋学報』 49-3, 1966.
大淵忍爾, 「五斗米道の教法について(下)」, 『東洋学報』 49-4, 1967.
麥谷邦夫, 「老子想爾注について」, 『東方學報 57』, 1985.
Dean C. Epler, "The concept of Disease in an Ancient Chinese Medical Text, The Discourse on Cold-Damage Disorders", *The Journal of the History of Medicine and Allied Sciences*, 1988.
Elisabeth Hsu, "Pulse diagnostics in the western han", Elisabeth Hsu edi. *Innovation in Chinese Medicine*, Cambridge University Press, 2001.